AF618533

Matéi Visniec
MIGRAAAAANTEN!
Wir sind viel zu viele
auf diesem verdammten Boot

MIGRAAAAANTS!
There's Too Many People
on This Damn Boat

Matéi Visniec

MIGRAAAAANTEN!

Wir sind viel zu viele
auf diesem verdammten Boot

Übersetzt aus dem rumänischen
von Jan Cornelius

PalmArtPress
Berlin

Mit freundlicher Unterstützung von:

Bibliografische Information der Deutschen Nationalbibliothek
Die Deutsche Nationalbibliothek verzeichnet diese Publikation in der Deutschen Nationalbibliografie; detaillierte bibliografische Daten sind im Internet über www.d-nb.de abrufbar.

Bitte besuchen Sie auch **www.palmartpress.com**

ISBN: 978-3-96258-002-5
1. Auflage, 2018, PalmArtPress, Berlin, Auflage 500 Exemplare

Bei Aufführungsinteresse:
Agentur: THEATERSTÜCKVERLAG, Korn-Wimmer (GbR)
www.theaterstueckverlag.de, info@theaterstueckverlag.de

Palm**Art**Press
Verlegerin: Catharine J. Nicely
Pfalzburgerstr. 69, 10719 Berlin

Umschlagabbildungen: Wolfgang Nieblich
Hintergrundbild: "Das Volk", 2004
Vordergrundbild: "The Tempest", 1992

Hergestellt in Deutschland

PERSONEN

Zwei Damen, drei Herren (Minimum bei Mehrfachbesetzung).

Die Menschenschmuggler
Die Migrant/innen
Frau (Die Ehefrau Maricika)
Mann (Der Ehemann Igor)
Die Moderatorinnen (am Stacheldrahtzaun)
Der Mann mit der Aktentasche
Elihu
Der hochrangige Politiker (vielleicht der Präsident eines europäischen Staates)
Der Coach (für politische Korrektheit > Mann oder Frau)
Die Mädchen (3)
Ali
Fehed
Die alte Frau
Der Totengräber
Die Dolmetscherin
Die verschleierte Sängerin/Tänzerin
Die Kinderschmuggler (2)
Der Mann, der dauernd lächelt
Ayub
Die Puffmutter
Die Prostituierten (3)
Transvestit
Nachrichtensprecher

1. SZENE

MENSCHENSCHMUGGLER (*wendet sich an das Publikum*): Zeigt mal alle eure Handys!

Im Idealfall folgen die Zuschauer der Anweisung und nehmen ihr Handys, iPads und iPhones aus der Tasche.

Okay … Habt ihr auch dafür gesorgt, sie zu laden?
Prima!
Und nun schreibt es euch hinter die Ohren: Diese kleinen Dinge sind eure Schwimmwesten. Eure Schutzengel. Euer Kompass und euer Schlüssel zum Eintrittstor Europas. Also speichert nun alle die Rufnummer, die ich euch jetzt diktieren werde. Setzt sie ganz oben auf eure Kontaktliste, als allererste, allen anderen voran …
Alle, die ihr zurückgelassen habt, eure Frauen, eure Mütter, Väter, Brüder, Cousins, Freunde, Nachbarn müssen sich hinten anstellen. Die Rufnummer, die ich euch jetzt diktieren werde, ist die allerwichtigste von allen, und morgen müsst ihr sie blind herunterbeten können. Noch nicht einmal die Rufnummer Gottes, falls er eine haben sollte, wird euch morgen früh etwas bringen.
Also los, eintippen … Null … null … drei … neun … null … zwei … neun … zwei … sieben … neun … noch eine Neun … und noch eine Neun … und noch eine Neun … Jetzt wiederholen. Okay, ich höre.

Das Publikum wiederholt die Zahlen oder der Regisseur bereitet einen Sound-Clip mit ungefähr hundert Stimmen vor, die zusammen diese Rufnummer wiederholen.

Diese Rufnummer also, was will sie uns sagen?
EIN MIGRANT: Es ist die Notrufnummer für die europäische Küstenwache.
MENSCHENSCHMUGGLER: Glückwunsch, mein Junge, du

bist gar nicht so blöd.
Du hast es beinah getroffen. Das Problem ist bloß, dass Europa keine Notrufnummer hat. Das ist die Notrufnummer der Insel Lampedusa. Denn ihr werdet morgen früh auf der Insel Lampedusa landen. Und ich werde euch zwei Kilometer vor der Küste absetzen.
Ist das klar? Und ihr werdet bei der Küstenwache anrufen, damit sie euch holt und an Land bringt. Danach könnt ihr ein neues Leben beginnen. Ist das klar?
ALLE MIGRANTEN: Ja, Chef!
MENSCHENSCHMUGGLER: Achtet also auf eure Handys. Und nun schaltet sie aus, um die Batterien zu schonen. Steckt sie in die Plastiktüten, die ich euch gegeben hab, damit sie nicht nass werden. Erledigt? Das Einzige, was ihr in dieser Nacht zu tun habt, ist keine Bewegung zu machen und auf eure Handys aufzupassen. Nur die sind noch wichtig. Wenn in dieser Nacht der Teufel höchstpersönlich zu euch kommt und sagt, was gibst du mir, du musst mir etwas geben, damit ich dich am Leben lasse? Gibst du mir ein Auge oder dein Handy? Was sagt ihr dann? Wenn der Leibhaftige euch prüfen möchte und euch diese Frage stellt, was antwortet ihr ihm dann?
EIN JUNGER MIGRANT: Hier, ein Auge von mir!
MENSCHENSCHMUGGLER: Korrekt. Cleverer Junge. Aus welchem Land kommst du?
EIN JUNGER MIGRANT: Aus Eritrea.
MENSCHENSCHMUGGLER: Und wie heißt du?
EIN JUNGER MIGRANT: Elihu.

2. SZENE

Ein abgelegener Ort, irgendwo auf dem Balkan. Die Wohnung eines etwas älteren Ehepaars. Man hört einen Lastwagen, der sich nähert und anhält. Der Mann tritt ein, legt seine Mütze und Jacke ab, wäscht sich die Hände, setzt sich an den Tisch. Die Frau bringt ihm etwas zu essen. Der Mann isst schweigsam.

FRAU: Na, wie war es?

Pause.

MANN (*schenkt sich ein Glas Schnaps ein*): Es war …

Pause.

FRAU: Hier sind die ganze Zeit irgendwelche Leute vorbeigelaufen.
MANN: Wann?
FRAU: Heute Mittag.

Pause. Der Mann isst. Die Frau füllt abermals seinen Teller.

MANN: Wie viele?
FRAU: Viele.
MANN: Was heißt viele?
FRAU: Eine ganze Menge.

Pause.

MANN: Und hältst du das für normal?
FRAU: Und ein paar Frauen …
MANN: Okay.

Pause.

FRAU: Und es waren auch Schwarze dabei.
MANN: Was heißt das?
FRAU: Sie waren schwarz, schwarz.
MANN: Schwarze aus Afrika?
FRAU: Weiß Gott, woher.
MANN: So sieht es aus.

Pause.

FRAU: Ich habe bis heute noch nie einen Schwarzen gesehen.

Pause.

Also, hier bei uns nicht. Ich habe mal welche im Fernsehen gesehen. Aber hier bei uns noch nicht.
Hast du schon mal Schwarze hier bei uns gesehen?
MANN: Nicht unbedingt … Also eigentlich nicht.
FRAU: Eigentlich nicht oder überhaupt nicht?
MANN: Was meinst du damit?
FRAU: Gar nichts.

Pause.

Was meinst du, wo die hingegangen sind?
MANN: Richtung Grenze.
FRAU: Zu den Serben?
MANN: Wohin denn sonst?
FRAU: Super.

Pause.

Ich frage mich …

Pause.

Ich frage mich …
MANN: Was?
FRAU: Warum der liebe Gott die Schwarzen gemacht hat.

Pause.

MANN: Na ja, weil … er wird wohl gewusst haben, was er tat.
FRAU: Ja, aber trotzdem … deiner Meinung nach …
MANN: Meiner Meinung nach, was?
FRAU: Wieso hat der liebe Gott deiner Meinung nach die Schwarzen gemacht?
MANN: Na ja … weil ihm das bestimmt völlig normal vorkam … Es gibt einen Tag, aber es gibt auch eine Nacht, es gibt einen Sommer, aber es gibt auch einen Winter …
Im Leben lacht man, dann weint man aber auch …
So mag es der liebe Gott, schön abwechselnd.
FRAU: Unglaublich, wie dämlich du dich manchmal anstellen kannst, Igor!
MANN: Dann frage ihn doch persönlich!
FRAU: Wen soll ich persönlich fragen?
MANN: Den lieben Gott.
FRAU: Also ich denke, er hat sie so gemacht, wie er sie gemacht hat, damit wir darüber nachdenken können.

3. SZENE

Drei „sexy" gekleideten Moderatorinnen am Präsentationsstand der MODERNEN ANTI-MIGRATIONSTECHNOLOGIE.

MODERATORIN 1: Meine Damen und Herren! Willkommen am Präsentationsstand der modernen Antimigrationstechnologie.
MODERATORIN 2: Heute haben wir das Vergnügen, Ihnen den Herzschlag-Detektor vorzustellen.
MODERATORIN 3: Der Herzschlag-Detektor ist zweifelsohne tausendmal effektiver als der Menschliche Wärme-Detektor. Denn der Menschliche Wärme-Detektor verwechselt des Öfteren die menschliche Wärme mit der Tierischen Wärme und bisweilen sogar mit der durch die Fermentierung gewisser Produkte ausgestrahlter Wärme.
MODERATORIN 1: Hingegen ist der Herzschlag-Detektor lediglich auf Lebewesen eingestellt und natürlich auf die menschliche Herzfrequenz. Er ist dazu fähig, die Anwesenheit eines illegalen Grenzgängers in einem Umkreis von 30 m anzuzeigen, und spürt ihn sogar hinter einer 10 cm dicken Panzerung auf, ohne sich auch nur im Geringsten zu irren.
MODERATORIN 2: Der Herzschlagdetektor ist federleicht, einfach zu handhaben, man kann ihn zusammenfalten und er ist mit einer wiederaufladbaren Batterie ausgestattet. Was das Design betrifft, lass ich Sie selbst beurteilen, wie hübsch er aussieht. Er erinnert einen auf Anhieb an einen Golfschläger … Probieren Sie ihn bitte mal aus …
Sie müssen ihn in der Hand halten, um sich bewusst zu werden, wie er einem, sensorisch betrachtet, sofort ans Herz wächst, durch die edlen Materialien aus denen er besteht: Keramik, rostfreiem Stahl, echtem Mahagoni-Holz.
MODERATORIN 3: Um über seinen Leistungsumfang zu sprechen: Es reicht, einen Lkw oder einen Tankbehälter nur einmal damit zu umkreisen, und in lediglich drei Minuten vergewissert man sich, dass keine blinden Passagiere an Bord sind.

Im Handumdrehen wird jeder Eindringling ausfindig gemacht, egal, wo er sich versteckt, ob in Ihrem Auto, in der Garage, im Garten, im Keller, im Speicher, in der Wohnung.
MODERATORIN 2: Sie sollten allerdings darauf achten, den Herzschlagdetektor nicht auf ihr eigenes Herz zu richten, zumal in diesem Fall ihre eigenen Herzschläge auf dem Monitor sichtbar würden. Vorsicht, wie Sie sich bewegen, um sich nicht selbst für den gesuchten Eindringling zu halten.
ALLE DREI: Ha, ha, ha!
MODERATORIN 1: Also holt nicht bedenkenlos die Polizei, um danach festzustellen, dass Sie den Detektor verkehrt herum gehalten haben und sich selbst aufgespürt haben.
ALLE DREI Ha, ha, ha!
MODERATORIN 1: Der Herzschlagdetektor ist mit einem außergewöhnlichen Gedächtnis und mit der Sensibilität eines paraseismischen Seismografen ausgestattet.
MODERATORIN 2: Wenn sich zum Beispiel in einem Lkw fünf illegale Grenzgänger befinden, erscheinen auf dem Monitor fünf grafische Darstellungen der Elektrokardioaktivität der entsprechenden Herzen.
MODERATORIN 3: Wenn sich im Lkw zwischen zehn und zwanzig illegale Grenzgänger befinden, verkündet der Detektor eine Art seismische Lawine, und der eingebaute Zähler zeigt so gut wie fehlerfrei die Zahl der vorhandenen Herzen an.
MODERATORIN 1: Lassen Sie es uns ausprobieren!
(Richtet den Detektor auf das Publikum)

Man hört eine Art Herzschlag-Konzert.

Nun zeigt uns der Zähler an, dass achtundneunzig Personen dieser Vorführung beiwohnen. Erlauben Sie mir bitte nun, sie manuell zu zählen.
ALLE DREI: Eins, zwei, drei ... Bingo!
MODERATORIN 1: Es befinden sich genau achtundneunzig

Personen in diesem Saal. Vielen Dank, recht herzlichen Dank, dass Sie sich für diese neue Erfindung interessieren.
MODERATORIN 2: Sie können den Detektor auch akustisch einsetzen, dafür ist er mit Kopfhörern ausgestattet.
MODERATORIN 1: Um Ihnen zu zeigen, wie leistungsstark unser Gerät ist, werden wir jedem von Ihnen nun Kopfhörer aushändigen, die Sie sich dann bitte alle aufsetzen. Die Kopfhörer sind an diesen einmaligen Detektor angeschlossen, mit dem ich bereits einige … Situationen aufzeichnete.

Erste Akustikvorführung.

MODERATORIN 1: Das sind die Herzschläge einer afghanischen Familie, insgesamt zwölf Personen, aufgenommen in einem Lang-Lkw unterwegs nach Calais, vor der Einfahrt in den Eurotunnel.

Zweite Akustikvorführung.

MODERATORIN 2: Das sind die Herzschläge einer Gruppe von ungefähr sechzig Pakistani, Sri Lankern und Somali, die die ungarische Grenze überschritten haben, genau an dem Tag, als die ungarische Regierung mit der Errichtung des Stacheldrahtzauns begann. Sodass nun alle dort plötzlich blockiert waren und zusehen mussten, wie man den Stacheldraht aufrollte, um das Eindringen der illegalen Grenzgänger nach Ungarn zu verhindern. Achten Sie bitte auf die besondere Qualität der Aufnahme. Schrille Verzweiflungsschreie in allen möglichen Variationen.

Dritte Akustikvorführung.

MODERATORIN 3: Und nun ein etwas delikateres Beispiel. Sie werden nie darauf kommen, worum es hier geht. Das sind die Herzschläge eines vierjährigen Jungen, in dem Moment, in dem ihn sein Vater durch ein in den Stacheldrahtzaun geschnittenes Loch bringt, an der Grenze zwischen Mazedonien und Serbien. Achten Sie auf die Feinheit der Aufnahme: Es hört sich an, als fiele eine winzige Metallkugel auf einen Fliesenboden und als würde sich ihre Sprunghöhe beim Dahinrollen zunehmend verringern.

Vierte Akustikvorführung.

Das sind die Herzschläge eines seit sechs Monaten in Sarajevo blockierten Maliers, in dem Augenblick, wo ihm die Polizei vermittelt, dass man ihn ausweisen werde.
Erstaunlich, oder? Hört sich genauso wie eine Buschtrommel an.

Fünfte Akustikvorführung.

Hier haben wir es schon fast mit einem echten Tsunami zu tun … Nun gut, es geht hier um die Herzschläge einer Gruppe von ungefähr hundert Syrern und Irakern, in dem Moment, wo ihr Boot das Land berührt, auf der Insel Lesbos. Ein wahres Feuerwerk, oder?

Sechste Akustikvorführung.

MODERATORIN 3: Hier ein etwas unauffälliges Beispiel. Das sind die Herzschläge einer Eritreers, in dem Augenblick, wo er gerade bei Calais ertrank. Er befand sich in einer Entfernung von nur zehn Metern zu einer Fähre, die er besteigen wollte, um damit nach England zu kommen. Man konnte nichts für ihn tun, das Meer war viel zu rau. Aber wir haben seine letzten Herzschläge trotzdem aufgenommen. Hört man ihnen aufmerksam zu, merkt man, dass dieser illegale Grenzgänger nicht schwimmen konnte, was häufig bei den Afrikanern, die aus den Ländern südlich der Sahara kommen, der Fall ist.

ALLE DREI: Was die Preise unserer Produkte angeht, versichern wir Ihnen, dass sie durchaus akzeptabel sind. Und außerdem können Sie in Raten zahlen, ganz ohne Zinsen.

Afrikanische Musik (vielleicht eine echte Buschtrommel).

4. SZENE

MENSCHENSCHMUGGLER *(wendet sich an das Publikum)*: Hört gut zu, meine Brüder ... Morgen werdet ihr den europäischen Boden betreten. Ihr werdet erleben, wie eure Träume wahr zu werden beginnen. Aber in der Zwischenzeit, während der Überfahrt, wagt es ja nicht, euch zu bewegen. Wir sind insgesamt einhundert Menschen auf diesem Boot. Und in dieser Nacht, habt ihr euch zu verhalten, als wäret ihr nur eine einzige Person. Kommt ja nicht auf den Gedanken aufzustehen. Verstanden? *(Pause)*
Ja oder nein?
ALLE MIGRANTEN: Jaaaa...
MENSCHENSCHMUGGLER *(nimmt eine Wassermelone und halbiert sie mit einem Machetenschlag)*: Wenn ich einen erwische, dass er in Panik gerät und aufsteht, dann mache ich genau das mit ihm: Ich halbiere seinen Schädel. Wie diese Wassermelone. Ist das klar?
ALLE MIGRANTEN: Jaaaa.
MENSCHENSCHMUGGLER: Bloß nicht panisch werden, sonst kommen wir aus dem Gleichgewicht und landen bei den verdammten Fischen. Bloß nicht wie die Idioten herumfackeln, sonst kippen wir um, und das war's dann auch. Wir sind dann alle nur noch Fischfutter, samt unseren Schwimmwesten. Also, in dieser Nacht, auch wenn ihr noch nie in eurem Leben zehn Stunden lang stillgehalten habt, werdet ihr zehn Stunden lang stillhalten müssen. Die sind schnell vorbei. Zehn Stunden oder zwölf oder fünfzehn Stunden lang, es kommt auf die Wellen und den Wind an. Aber die Wetteraussichten sind gut. Das Meer bleibt ruhig.
Ab sofort dürft ihr euch also nicht mehr bewegen. Ihr dürft beten, aber ich will kein Flüstern hören. Ihr dürft euch übergeben, dafür habe ich euch große Plastiktüten ausgeteilt. Zeigt mal alle eure Plastiktüten zum Übergeben.

Alle Migranten zeigen die Plastiktüten zum Übergeben.

Alle, die noch nie mit dem Boot gereist sind, aufzeigen.
(Zählt die erhobenen Hände.)
Okay, aber könnt ihr wenigstens schwimmen?
(Wartet vergeblich auf eine Antwort.)
Alle die schwimmen können, aufzeigen!
(Zählt die erhobenen Hände.)
Okay, nicht weiter schlimm … Nicht auszuschließen, dass ihr schon morgen schwimmen lernt. Es wäre natürlich besser gewesen, es schon vorher zu tun, aber so ist das Leben. Ihr wäret bestimmt nicht die Ersten, die schwimmen lernen, gerade an dem Tag, wo man um sein Leben schwimmen muss. Es ist natürlich eine bodenlose Dummheit, auf ein Boot zu steigen, ohne schwimmen zu können, aber daran kann ich jetzt auch nichts mehr ändern. Selber schuld. Monate lang habt ihr an diesem Strand in Tripolis rumgehangen und auf das Boot nach Europa gewartet, aber auf die Idee, schwimmen zu lernen, seid ihr natürlich nicht gekommen. Okay, nicht weiter schlimm … Hat jeder eine Schwimmweste?
ALLE MIGRANTEN: Jaaaa …
MENSCHENSCHMUGGLER: Habt ihr alle euren Ausweis und alle anderen Papiere verbrannt? *(Pause.)*
Die, die es noch nicht getan haben, können sie jetzt zerreißen und ins Wasser werfen. Habt ihr das verstanden?

Es regnet in Papierschnipseln auf die Bühne und auf das Publikum.

Perfekt, jetzt seid ihr alle gleich. Ohne Identität. Ihr seid nun alle Kriegsflüchtlinge. Deshalb habt ihr eure Länder verlassen, weil ihr Kriegsopfer seid und vor den Kämpfen geflohen seid. Das müsst ihr sagen, wenn sie nach eurer Identität fragen. Ist das klar? Auf keinen Fall sagen, dass ihr in euren Ländern in der Scheiße steckt, und eure Kinder dort verhungern müssen.

Das ist kein Grund, Asyl zu beantragen, und die schicken euch in die Scheiße zurück. Ihr habt nur dann eine Chance, wenn ihr sagt, dass ihr vor dem Krieg geflohen seid, deswegen seid ihr nach Europa gekommen, um dem Tod von der Schippe zu springen, kapiert?

ALLE MIGRANTEN: Ja, Chef!

MENSCHENSCHMUGGLER: Prima! Nun legen wir los. Das ist eure letzte Chance, zu pissen und kacken. Danach heißt es volle Beherrschung. Es kommt eine lange Nacht auf uns zu, und ich möchte nicht, dass ihr mein Boot versaut. Es ist brandneu, und ich kann mir Besseres vorstellen, als bei der Rückfahrt eure Pisse und Scheiße wegzumachen. Und noch etwas: Ihr habt großes Glück mit mir. Ich habe noch keine einzige Person verloren bei der Überfahrt, wie es bei den anderen Helfern der Fall war. Ich glaube an Gott, habe vier Kinder zu ernähren und wenn ich das hier tue, ist das nur, um meinen Brüdern in Not zu helfen. Weil diese Welt total abgefuckt ist. Diese Welt wurde mit dem Arsch gemacht, und deswegen versuche ich denen, die in der falschen Ecke geboren sind, unter die Arme zu greifen. Also, es geht los!

ALLE MIGRANTEN: Ja, Chef!

MENSCHENSCHMUGGLER: Ab sofort will ich keinen Mucker mehr hören. Ich will nur noch den Wind und die Möwen hören. Betet, dass kein Sturm kommt, Gebete sind immer zu etwas gut.

5. SZENE

Der Mann mit der Aktentasche, Elihu.

MANN MIT AKTENTASCHE: Wie heißt du?
ELIHU: Elihu.
MANN MIT AKTENTASCHE: Hier ist ein Stuhl, Elihu. Setz dich. Wie alt bist du?
ELIHU: Achtzehn.
MANN MIT AKTENTASCHE: Das ist gut, du bist ein braver Junge. Hast du Durst?
ELIHU: Ja.
MANN MIT AKTENTASCHE: Möchtest du eine Cola trinken?
ELIHU: Ja.
MANN MIT AKTENTASCHE: Okay. Hier. Hast du ein Handy, Elihu?
ELIHU: Ja.
MANN MIT AKTENTASCHE: Gib uns deine Handynummer, Elihu … Wenn du möchtest.
ELIHU: Ja.
MANN MIT AKTENTASCHE: Weißt du, Elihu, ich habe keine Zeit zu verlieren.
ELIHU: Ja.
MANN MIT AKTENTASCHE: Viele wollen mich sprechen, viele Jungen wie du.
ELIHU: Ich weiß.
MANN MIT AKTENTASCHE: Du siehst also, meine Zeit ist knapp.
ELIHU: Ja.
MANN MIT AKTENTASCHE: Kannst du zählen, Elihu?
ELIHU: Ja.
MANN MIT AKTENTASCHE: Dann sag mir mal, wieso der liebe Gott die Menschen mit zwei Beinen gemacht hat?
ELIHU: Ich weiß es nicht.
MANN MIT AKTENTASCHE: Er hätte sie auch mit nur einem

Bein, einer Hand, einem Ohr und einem Auge machen können. Oder?

ELIHU: Ja.

MANN MIT AKTENTASCHE: Gott wollte jedem von uns eine Chance geben.

ELIHU: Ja.

MANN MIT AKTENTASCHE: Hast du schon einmal Leute, die mit nur einem Bein leben, gesehen?

ELIHU Ja.

MANN MIT AKTENTASCHE: Aber Leute, die mit nur einem Auge leben, hast du schon einmal gesehen?

ELIHU: Ich weiß es nicht ... Ja ...

MANN MIT AKTENTASCHE: Aber Leute, die mit nur einer Niere leben, hast du schon einmal gesehen?

ELIHU: Ich weiß es nicht.

MANN MIT AKTENTASCHE: Du weißt es nicht, weil man so etwas nicht sehen kann. Aber es ist genauso, wie wenn man mit nur einem Bein lebt. Man kann ein Leben lang mit nur einem Bein und einer einzigen Niere leben. Das ist gottgewollt. Als er uns das Herz geben musste, sagte er: „Nein, ich kann den Menschen nicht jeweils zwei Herzen geben." Und das Gleiche, als er die Leber verteilte, „ich kann den Menschen nicht zwei Leber geben, passt einfach nicht." Aber als es zum Nierenverteilen kam, sagte er „Elihu werde ich zwei Nieren geben, damit er ein Kapital hat." Weißt du, was ein Kapital ist, Elihu?

ELIHU: Nein.

MANN MIT AKTENTASCHE: Ein Kapital ist eine große Geldsumme. Und die, die ein Kapital haben, können es zu etwas bringen. Und du, Elihu, möchtest es doch zu etwas bringen, oder?

ELIHU: Ja.

MANN MIT AKTENTASCHE: Und wo möchtest du hin?

ELIHU: Nach England.

MANN MIT AKTENTASCHE: Aber du kannst nicht schwimmen, Elihu.

ELIHU: Nein.
MANN MIT AKTENTASCHE: Und du weißt doch, was mit Schwarzen wie uns passiert, die bei der Seeüberfahrt nicht schwimmen können, oder?
ELIHU: Nein.
MANN MIT AKTENTASCHE: Wir gehen unter, Elihu, wir sinken. Das passiert mit uns, wenn wir nicht schwimmen können und auch kein Kapital haben. Verstehst du das?
ELIHU: Nein.
MANN MIT AKTENTASCHE: Also, noch mal von vorne. Sieh dir mal diese Fotos an, Elihu. Weißt du, welche Stadt das ist?
ELIHU: Nein.
MANN MIT AKTENTASCHE: Die Stadt heißt Birmingham und liegt im Norden Englands.
ELIHU: Aha!
MANN MIT AKTENTASCHE: Sieh dir mal das hier an. Was siehst du hier?
ELIHU: Eine … Apotheke?
MANN MIT AKTENTASCHE: Nein. Das ist eine öffentliche Toilette.
ELIHU: Ach so!
MANN MIT AKTENTASCHE: Weißt du, was eine öffentliche Toilette ist?
ELIHU: Ja.
MANN MIT AKTENTASCHE: Es ist ein sauberer Ort, an den die zivilisierten Leute kommen, um zu pissen und um zu … Sieh dir mal diese Herren an. Siehst du sie?
ELIHU: Ja.
MANN MIT AKTENTASCHE: Und sieh diese Dame an … Weißt du, was diese Dame hier macht?
ELIHU: Nein.
MANN MIT AKTENTASCHE: Diese Dame kassiert hier Geld, Elihu. Hier, in dieser öffentlichen Toilette, muss man zahlen, um zu pissen und zu … Und diese Dame, die du hier siehst, und die

ziemlich alt ist, wird bald in Rente gehen … In einem Monat. Und du, Elihu, könntest dann ihre Stelle einnehmen. Und damit du nach Birmingham kommst, könnten wir es so einrichten, dass du ins Flugzeug steigst. Denn du weißt ja, um ins Flugzeug zu steigen, muss man nicht schwimmen können. Um es kurz zu machen: Statt mit der ganzen Bande in Mazedonien, Serbien und weiß ich nicht wo noch, herum zu irren, um weiß ich nicht in welchem Kaff zu landen, könnte ich dich ins Flugzeug setzen. Aber nur wenn du möchtest. Möchtest du es?
ELIHU: Ja.
MANN MIT AKTENTASCHE: Zahlen kannst du mir erst danach. Wenn du dort angekommen bist. Denn du bist ein reicher Mann, Elihu. Du hast ein Kapital.
ELIHU: Welches Kapital?
MANN MIT AKTENTASCHE: Dein Kapital ist diese riesige Geldsumme, die dir Gott bei deiner Geburt schenkte.
ELIHU: Welche Geldsumme?
MANN MIT AKTENTASCHE: Es geht um deine Nieren, Elihu. Du hast doch zwei Nieren, oder? Die zweite Niere ist dein Kapital. Verstehst du es jetzt?
ELIHU: Ja.
MANN MIT AKTENTASCHE: Hast du immer noch Durst?
ELIHU: Ja.
MANN MIT AKTENTASCHE *(öffnet seine Aktentasche):* Hier, eine Cola.

Afrikanische Musik.

6. SZENE

Der hochrangige Politiker (vielleicht der Präsident) und der Coach. Der Dialog könnte vielleicht an Kraft gewinnen, wenn die Coach-Rolle von einer Frau übernommen würde.

HOCHRANGIGER POLITIKER *(übt eine Rede vor dem Coach)*: Wir können nicht das ganze Elend der Welt in unserem Land aufnehmen, das ist Tatsache. Ich habe nie behauptet, dass wir jeden aufnehmen können. Unser Land hat seine Kapazitäten schon fast überschritten, wir können bald keine neuen Immigranten mehr aufnehmen. Wir müssen eine Sicherheitszone in Europa einrichten. Wir müssen die Kriegsflüchtlinge von den Wirtschaftsflüchtlingen systematisch unterscheiden, und die Letzteren in ihre Herkunftsländer zurückweisen. Es gibt bereits eine Liste der sicheren Länder, wir werden also alles Mögliche tun, um die illegalen Immigranten, die nicht die geringste Chance haben, den Flüchtlingsstatus zu erhalten, abzuschieben. Wir werden Verhandlungen mit unserem Verbündeten, der Türkei, aufnehmen, damit diese Selektion auf ihrem Gebiet stattfindet. Wir müssen alles daran setzen, um gegen die weit verbreiteten Schlepperbanden vorzugehen. Deren Anführer befinden sich in Istanbul, Tripolis und sogar in Beirut, das steht fest. Sie sind unsere Feinde, genauso wie die Dschihadisten des Islamischen Staates. Das möchte ich in aller Deutlichkeit zum Ausdruck bringen, denn das dringende Gebot der Stunde heißt, die Dinge beim Namen zu nennen.
Eins steht fest: Nicht durch die sogenannte political correctness werden wir bei unserem Handeln Fortschritte erreichen, wir müssen endlich den Finger auf die Wunde legen. *(Trinkt einen Schluck Wasser und wartet auf die Reaktion des Coaches.)*

Der Coach hat sich Notizen gemacht.

Na?
COACH: Na ja … Also, meiner Meinung nach, Herr Präsident …

Den Finger auf die Wunde legen, wie sie es ausdrückten ... Es ist nicht empfehlenswert, politisch unkorrekt zu werden, nur weil sie sich von den alten Denkmustern der politischen Korrektheit befreien möchten ...

HOCHRANGIGER POLITIKER: Was meinen Sie damit?

COACH: Sie gehen an mindestens drei oder vier Stellen ein hohes Risiko ein.

HOCHRANGIGER POLITIKER: Welches?

COACH: Ich weiß nicht, ob Sie es schon gemerkt haben, aber die Medien gebrauchen das Wort *Immigrant* heute nicht mehr. Und das Wort *illegal* auch nicht.

HOCHRANGIGER POLITIKER: Was gebrauchen sie denn?

COACH: Sie gebrauchen den Begriff *Migrant.*

HOCHRANGIGER POLITIKER: Wieso?

COACH: Aus Angst, zu stigmatisieren.

HOCHRANGIGER POLITIKER: Wen stigmatisieren?

COACH: Die Immigranten und die Illegalen.

HOCHRANGIGER POLITIKER: Verstehe ich nicht.

COACH: Denken Sie mal ein bisschen nach. Wir befinden uns mitten im Globalisierungsprozess. Und diese Globalisierung ist ja von uns gewollt. Sie ist von Ihnen gewollt, sie ist von den meisten Politikern gewollt, von unserem Land, vom ganzen Westen. Und in einer globalen Welt sind wir alle *Migranten* und nicht *Immigranten.* Können Sie mir folgen?

HOCHRANGIGER POLITIKER: Ja ... und?

COACH: Also, um ihrer politischen Vision treu zu bleiben, müssen Sie die Wörter *Immigrant* und *illegal* aus ihrem Wortschatz streichen. Ein Immigrant ist jemand, der aus einem anderen Raum kommt, mehrere Grenzen überschreitet und sich in einem Gebiet niederlässt, in dem er die lokalen Sitten und Gesetze einhalten muss. Kurzum, er verlässt einen Ort, den er Heimat nennt und lässt sich an einem anderen Ort nieder, an dem er nicht mehr zu Hause ist. Verstehen Sie das?

HOCHRANGIGER POLITIKER: Ja.

COACH: Aber ein Migrant ist überall zu Hause, auf dem ganzen Planeten. In einer globalen Welt sind wir alle Migranten, wir haben das Recht, zu jedem beliebigen Zeitpunkt, wohin auch immer zu ziehen. Dadurch braucht der Migrant keine besonderen Regeln einzuhalten, zumal er ein Weltbürger ist. Genau das möchte die Globalisierung erreichen. Wir haben die Wirtschaft globalisiert, die Ideen, das Kapital, den Handel, die Dienstleistungen, wieso sollen wir dann das Recht der Menschen, sich frei zu bewegen, nicht akzeptieren?
HOCHRANGIGER POLITIKER: Wir akzeptieren es doch, wir akzeptieren es, nur …
COACH: Ich habe lediglich einen Widerspruch hervorgehoben. Und Sie können es natürlich ausdrücken, wie Sie es für angemessen halten.
HOCHRANGIGER POLITIKER: Wie groß ist denn dieser Widerspruch?
COACH: Weiß ich nicht. Alles, was ich weiß, ist, dass er ein Risiko in sich birgt, und um nichts zu riskieren, empfehle ich Ihnen das Wort *Migrant* zu benutzen.
HOCHRANGIGER POLITIKER: Weil es politisch korrekt ist.
COACH: Weil es politisch korrekt ist. Und ich empfehle Ihnen als Nächstes vier weitere Schritte… Notieren Sie sich das?
HOCHRANGIGER POLITIKER: Ja.
COACH: „Wir können nicht das ganze Elend der Welt in unserem Land aufnehmen." Stattdessen schlage ich vor:
„Wir werden selbstverständlich auch künftig unsere Augen vor dem Weltelend nicht verschließen."
HOCHRANGIGER POLITIKER: Einverstanden.
COACH: Den Satz „Das ist Tatsache" würde ich weglassen.
HOCHRANGIGER POLITIKER: Okay.
COACH: „Unser Land hat seine Kapazitäten schon fast überschritten." Dies würde ich durch „Unsere Türen werden immer offen stehen, unseren Kräften entsprechend", ersetzen.
HOCHRANGIGER POLITIKER: Etwas undeutlich …

COACH: Undeutlich, aber es passt perfekt.
HOCHRANGIGER POLITIKER: Okay, notiert.
COACH: „Wir können bald keine neuen Emigranten mehr aufnehmen." Ich schlage Ihnen vor: „Wir werden auch weiterhin Migranten aufnehmen, indem wir es jedoch strikt regulieren."
HOCHRANGIGER POLITIKER: Sie sind mir vielleicht einer!
COACH: Wie bitte?
HOCHRANGIGER POLITIKER: Schon gut. Ich bewundere Sie einfach nur. Sie haben es drauf.
COACH: Danke sehr, Herr Präsident.
HOCHRANGIGER POLITIKER: Sie hätten in der Politik kräftig mitmischen können.
COACH: Genau das tue ich ja auch, Herr Präsident.
HOCHRANGIGER POLITIKER: Ach so, wäre mir fast entgangen.

7. SZENE
Drei sexy gekleidete Mädchen springen Seil.

MÄDCHEN 1: Hallo!
MÄDCHEN 2: Willkommen zum Ersten …
ALLE DREI: … Europäischen Stacheldraht-Salon!

Nun fällt dem Publikum auf, dass die drei eingesetzten Springseile wie Stacheldraht aussehen.

MÄDCHEN 1: Unsere Firma bietet Ihnen eine breite Palette von zuverlässigen, erschwinglichen Antimigranten-Stacheldrähten an.
MÄDCHEN 2: Wie Sie wahrscheinlich selbst festgestellt haben, die paradiesische Periode der totalen Grenzeröffnung ist nun vorbei.
MÄDCHEN 3: Es ist nun wieder an der Zeit, überall Zäune und Mauern hochzuziehen.
MÄDCHEN 1: Sehen Sie sich dieses Horrorbild an der griechisch-mazedonischen Grenze an …

Videovorführung: Zwei parallele Stacheldrahtzäune, zwischen denen Militärfahrzeuge patrouillieren.

MÄDCHEN 2: Ist das Europa?

Videovorführung: horrorhafte Stacheldrahtzäune an der Grenze zwischen Serbien und Ungarn.

MÄDCHEN 3: Sind das unsere ästhetischen Werte?
MÄDCHEN 1: Ist das das Bild, das wir der Welt vermitteln möchten?
ALLE DREI: Schämt euch! Das sind die Worte, die wir an unsere Regierungen richten. Schämt euch, und wir sollten uns alle schämen!

MÄDCHEN 2: Wo ist unsere Kreativität geblieben?
MÄDCHEN 1: Was ist mit unserem Sinn für radikale Erneuerungen passiert?
MÄDCHEN 3: Wir müssen endlich etwas unternehmen!
MÄDCHEN 1: Deswegen schlägt Ihnen unsere Firma „Stahl und Zärtlichkeit“ ein neues, revolutionäres Produkt vor …
ALLE DREI: … den Stacheldraht mit menschlichem Antlitz!

Videovorführungen und fröhliche Musik.

MÄDCHEN 1: Der Design-Stacheldraht!
MÄDCHEN 2: Der lächelnde Stacheldraht!
MÄDCHEN 1: Durch seine hellgrüne Farbe vermittelt dieser Stacheldraht eine unübersehbare ökologische Botschaft.
MÄDCHEN 3: In der Praxis lässt dieser Stacheldraht an eine immergrüne Hecke denken.

Die Mädchen hören mit dem Seilspringen auf und steigen auf ein bizarres, etwas surrealistisches Gerät, das sich als Stacheldrahtzaun-Maschine herausstellt. Die Mädchen können alle lasziven Gesten, mit denen neue Autos auf Automobilsalons vorgestellt werden, wiederholen.

MÄDCHEN 1: Und hier haben wir die Maschine, die an Ort und Stelle die immergrüne Hecke, die sie gerade bewundert haben, einpflanzt. Die weltweit schnellste Stacheldraht-Abroll-Maschine!
MÄDCHEN 2: Eine wahrhafte, zugleich unterhaltsame und effiziente Techno-Show. Als hätten wir es mit einem enormen Nilpferd zu tun.
MÄDCHEN 3: Die Präparation-Segmentation-Installation-Stacheldrahtisations-Maschine, Geschwindigkeit 25 km/h.
MÄDCHEN 1: Das Nilpferd hinterlässt vier Parallelstacheldrahtzäune, bis zu vier Meter hoch, unmöglich zu überspringen,

die darüber hinaus einen ästhetischen Genuss für das Auge bieten.
MÄDCHEN 2: Das Design vereint das Fröhliche mit dem Angenehmen. Aus der Ferne meint man, ein pflanzliches Feingewebe, vier liebevoll gepflegte Baumreihen zu erblicken.
Lediglich aus unmittelbarer Nähe wird auch das von Stacheln durchsäte Stahlgewebe sichtbar.
MÄDCHEN 3: Wir bitten Sie, die künstlerische Dimension dieser Installation zu beachten, von einem Kunstwerk zu sprechen ist keineswegs übertrieben. Ein Zaun wie dieser hat mit dem Bösen, Bedrohlichen oder Ideologischen gar nichts zu tun. Man kann ihn als ambientale Kunst, als Open-Air-Installation betrachten, wie sie nur große Künstler wie Christian Boltanski oder Anish Kapoor geschaffen haben. Und man kann, durch die Art, Barrieren zu schaffen, auch eine Verbindung zur monumentalen Kunst feststellen. Unser Stacheldraht wertet die Landschaft auf und fügt sich nahtlos in die Umgebung ein. Und wenn man noch ein paar Windturbinen hinzufügt, erreicht man die Perfektion.
MÄDCHEN 1: Man verspürt geradezu Lust, seine Freunde zu einem Picknick im Schatten dieser Hecke einzuladen, bei der sich die Farbschattierungen alle zwei, drei Kilometer diskret verändern.
MÄDCHEN 2: Das Absinthgrüne wird zum Mandelgrünen, das zum Apfelgrünen, das zum Zitronengrünen, das zum Pistaziengrünen, und danach zum Tannenbaumgrünen wird.

Die drei Mädchen setzen sich auf den Boden und ahmen die Szene aus Manets Gemälde „Das Frühstück im Grünen“ nach.

MÄDCHEN 3: Kommt Leute, kommt zu einem angenehmen Frühstück im Grünen.

8. SZENE

Der Menschenschmuggler und seine Gehilfen Ali und Fehed. Die beiden zählen die Zuschauer im Saal.

MENSCHENSCHMUGGLER: Na?
ALI: Einhundertdreizehn.
FEHED: Einhundertvierzehn.
MENSCHENSCHMUGGLER: Was nun? Zählt sie noch einmal.

Die mit Macheten bewaffneten Gehilfen zählen abermals die Zuschauer. Sie laufen durch den Saal, bemühen sich, keinen auszulassen.

Na?
ALI: Einhundertdreizehn.
FEHED: Einhundertvierzehn.
MENSCHENSCHMUGGLER: Hast du mich mitgezählt?
FEHED: Ja.
MENSCHENSCHMUGGLER: Mich sollst du aber nicht mitzählen, du Vollidiot!
FEHED: Entschuldigung, dann nur einhundertdreizehn.
MENSCHENSCHMUGGLER (*tritt nach vorne und dominiert nun die Zuschauer*): Okay, ihr habt es also verstanden. Es gibt Illegale unter uns.

Pause.

(Spielt mit der Machete herum) Nun hört mir mal ganz aufmerksam zu. Ich mache nur meine Arbeit. Ich bevorzuge keinen, ich hasse keinen, ich glaube an Gott. Aber ich mag es nicht, wenn man mich verarscht.

Pause.

(Läuft durch den Saal) Ist das klar?

Pause.

Fehed!
FEHED: Ja?
MENSCHENSCHMUGGLER: Was meinst du, habe ich mich klar genug ausgedrückt?
FEHED: Ja, Chef.
MENSCHENSCHMUGGLER: Ali!
ALI: Ja?
MENSCHENSCHMUGGLER: Was denkst du, kapieren die das, was ich ihnen sage?
ALI: Ja, Chef.
MENSCHENSCHMUGGLER: Es gibt also unter uns dreizehn Personen, die nicht hierher gehören. Begreift ihr das? Dreizehn Personen haben sich an Bord geschlichen, ohne dafür zu bezahlen.

Pause.

MENSCHENSCHMUGGLER: Wieso antworten sie nicht? Fehed? Ali?
ALI: Sie haben Angst, Chef.
FEHED: Es wurde ihnen auf einmal klar, dass sie eine große Dummheit begangen haben.
MENSCHENSCHMUGGLER: Sag ihnen, dass die, die bezahlt haben, keine Angst zu haben brauchen.

Ali wiederholt diese Aussage auf Arabisch und Fehet in einer anderen Sprache, zum Beispiel auf Tigrinisch.

(Zu Ali) Hast du es ihnen gesagt?
ALI: Ja, Chef.

MENSCHENSCHMUGGLER *(zu Fehed)*: Hast du es ihnen gesagt?
FEHED: Ja, Chef.
MENSCHENSCHMUGGLER: Alle, die bezahlt haben, aufzeigen! *(Blickt aufmerksam in den Saal)* Zähl mal nach, Ali.
Zähl mal nach, Fehed. Wie viele haben bezahlt?

Ali und Fehed zählen abermals die Zuschauer.

ALI: Einhundertdreizehn.
FEHED: Einhundertdreizehn.
MENSCHENSCHMUGGLER *(halbiert eine Melone mit einem Machetenschlag):* Was ihr getan habt, ist nicht in Ordnung. Es ist unfair. Hört mir jetzt gut zu, wir riskieren zu sinken. Kapiert ihr das oder nicht? Wir dürfen nicht mehr als hundert sein, auf diesem Boot. Geht das in eure Köpfe? Oder seid ihr etwa total bescheuert? Wir sind zu viele auf diesem verdammten Boot, und wir werden allesamt sinken, nur weil dreizehn Vollidioten sich hier eingeschlichen haben. Fehed, Ali, sagt ihnen, dass sie alle krepieren werden.

Ali wiederholt die Aussage auf Arabisch und Fehet auf Tigrinisch.

Hört mir gut zu, ihr könnt beten, dass es kracht, das bringt euch rein gar nichts. Gebete können sehr hilfreich sein, aber sie halten den Motor leider nicht am Laufen. Und wir können dann leider nicht mehr weiterfahren, weil der Motor überfordert ist und leider aussetzt. Und Gott ist leider kein Mechaniker, oder? Und auch kein Treibstofffass. Und unser Treibstoff wird viel schneller als uns lieb ist, zu Ende gehen, wegen des Übergewichts. Also müssen dreizehn von uns jetzt aussteigen. Es geht jetzt gar nicht mehr darum, ob sie bezahlt haben oder nicht. Auch wenn sie jetzt zahlen möchten, ist es dafür zu spät. Jetzt ist euer Geld einen Dreck wert. Auch wenn eure Taschen vollgestopft mit Geldscheinen

sind, und auch wenn ihr nun dreimal mehr als nötig bezahlen möchtet, bringt euer Geld mir im Augenblick rein gar nichts mehr. Das Boot ist überfüllt, und damit basta.
Also sollen diejenigen, die nicht bezahlt haben, ihre Schwimmwesten aufpusten und schnellstens über Bord springen.

Pause. Ali und Fehed bringen dreizehn Schwimmwesten und laufen damit durch den Saal.

Fehed, sag diesen Vollkretins, die sich hier eingeschlichen haben, dass sie eine große Sünde begangen haben. Und Gott kann so etwas nicht verzeihen. Auf diesem Boot befinden sich Familien, Kinder, Menschen, die ihr Leben lang hart gearbeitet haben, um nach Europa zu kommen. Es ist nicht in Ordnung, deren Leben zu gefährden. Seit ich diesen Beruf ausübe, habe ich keinen einzigen Mann verloren, kein einziges Kind. Ich bin nicht so wie andere Bootsfahrer. Ich habe immer mein Wort gehalten. Und ich habe euch alle von Anfang an gewarnt: Den Unehrlichen wird sich das Meer annehmen. Sag es ihnen, Ali.

Ali wiederholt das Ganze auf Arabisch oder in einer anderen, schwer identifizierbaren Sprache, aber in einer verkürzten Form.

Fehed, du weißt doch, wem du eine Schwimmweste zu geben hast, oder?
FEHED: Ja, Chef, ich denk schon.
MENSCHENSCHMUGGLER: Dann los.

Dreizehn Männer und Frauen beginnen zu weinen. Fehed läuft durch den Saal und verteilt Schwimmwesten.

ALI: Schluss mit diesem verdammten Herumgeheule!
FEHED: Hört auf herumzuflennen, es bringt nichts, das kotzt ihn erst recht an. Aufhören!

ALI: Ihr hättet vorher herumheulen sollen!
FEHED: Zieh deine Schwimmweste an. Nicht so … Zuerst den Kopf … So mein Freund, jetzt ist es richtig.
MENSCHENSCHMUGGLER: Tut mir leid, Freunde. Mit diesen Schwimmwesten haltet ihr es mindestens 24 Stunden lang aus. So habt ihr eine Menge Zeit für eure Gebete. Und ich sammle euch bei der Rückfahrt ein. Los, springt ihr nun endlich oder muss ich euch über Bord werfen?

9. SZENE

Ein neu eingerichteter Friedhof auf einer griechischen Insel. Die alte Frau, der Totengräber und die Dolmetscherin. Die alte Frau läuft zwischen den Gräbern und versucht die Grabinschriften zu entziffern.

DER TOTENGRÄBER: Wonach sucht sie denn?
DIE DOLMETSCHERIN: Sie sucht nach ihrem Sohn, ihrer Schwiegertochter und ihren zwei Enkelkindern.

Die alte Frau fragt die Dolmetscherin etwas auf Arabisch.

Sie fragt, ob Sie all diese Leute begraben haben.
DER TOTENGRÄBER: Ja.
DIE DOLMETSCHERIN: Sind sie alle ertrunken?
DER TOTENGRÄBER: Ja, alle.
DIE DOLMETSCHERIN: Und war keine vierköpfige Familie dabei?
DER TOTENGRÄBER: Tja … Das Meer tut das, was es tun möchte. Diese Familie, nach der Sie suchen, ist vielleicht zusammen gestorben, am selben Tag oder in derselben Nacht, aber das Meer bringt die Körper einzeln ans Ufer.

Die Dolmetscherin wechselt ein paar Worte auf Arabisch mit der alten Frau.

Das Meer ist launisch. Zuerst verschluckt es die Menschen. Einige von ihnen werden nach unten gezogen, als wären sie schwerer als die anderen. Keiner weiß wieso. Womöglich gibt es dafür eine wissenschaftliche Erklärung, aber ich kenne sie nicht. Die Gesetze der Physik sind bestimmt nicht einfach. Ich jedenfalls verstehe sie nicht. Alles, was ich weiß, ist, dass einige Körper wieder auftauchen, aber erst nach ein, zwei Monaten … Wie sie dann aussehen, lasse ich jetzt mal lieber aus. Aber sagen Sie ihr das alles nicht.

DIE DOLMETSCHERIN: Okay.
DER TOTENGRÄBER: Wenn ein Körper einige Tage im Meer bleibt, wird er glitschig, wie Seife. Und wenn man versucht, ihn zu packen, enthäutet er sich nach und nach. Dieser Anblick ist schwer zu ertragen. Und auf dieser Insel muss ich das alles im Alleingang erledigen. Ich bin der einzige Totengräber hier.

Wortwechsel zwischen der Dolmetscherin und der alten Frau.

DIE DOLMETSCHERIN: Sie fragt, ob Sie wissen, wie man Muslime beerdigen muss.
DER TOTENGRÄBER: Eigentlich weiß ich es nicht. Wenn ich sie begrabe, weiß ich gar nicht, ob es Muslime oder Christen sind. Keiner hat je einen Pass bei sich. Wie hieß ihr Sohn?
DIE DOLMETSCHERIN (*übersetzt die Frage*): Er hieß Mehdi.
DER TOTENGRÄBER: Dieser Name sagt mir rein gar nichts. Tut mir leid. Wenn ich könnte, würde ich ihr gerne helfen.
Woher kommt diese alte Frau?
DIE DOLMETSCHERIN: Sie kommt aus der Türkei, ist aber Syrerin.
DER TOTENGRÄBER: Wenn sie nur wüssten, wie es mir das Herz zerreißt, dies alles durchzuführen. Sobald mein Handy klingelt, weiß ich, dass irgendwo auf der Insel eine neue Leiche aufgetaucht ist. Dann steige ich in meinen alten Lastwagen und fahre sie einsammeln. Am Anfang begruben wir die Ertrunkenen auf unserem eigenen Friedhof. Aber danach hat uns das Rathaus einen neuen, größeren Ort dafür zugeteilt. Doch eines Tages wird auch dieser nicht mehr reichen, es wird keinen Platz mehr für tote Fremde geben. Unsere Insel besteht nur aus Stein.

Die alte Frau spricht mit der Dolmetscherin.

DIE DOLMETSCHERIN: Sie fragt, ob sie wissen, dass die Gräber der Muslime nach Mekka ausgerichtet sein müssen.

DER TOTENGRÄBER: Wissen Sie, mein großes Problem sind die Plastikfolien. Wenn eine Leiche auftaucht, muss ich sie in eine Plastikfolie wickeln, und ich habe nie genug davon. Manchmal muss ich sie reinigen und zweimal gebrauchen. Die Europäische Union tut nichts für die Toten. Die Lebendigen bleiben einige Tage nach ihrer Ankunft hier, danach geht es weiter nach Athen und danach nach Österreich oder Deutschland. Und wir bleiben auf dieser Insel allein mit den Toten. Ich denke, man sollte diese Bürde nicht uns allein überlassen. Jedes Land sollte sich einem Teil der Ertrunkenen annehmen. Es ist ungerecht, dass die Hälfte der im Mittelmeer Ertrunkenen bei uns begraben wird. Aber sagen Sie ihr das alles nicht. Es tut mir leid, dass ich ihr nicht helfen kann. Es tut mir auch wegen Mekka leid, aber ich bin der Meinung, dass die Toten unter der Erde angelangt sich selbst in die eine oder andere Richtung drehen, je nach Religion. Mit dem Kopf nach Mekka, nach Jerusalem oder zum Vatikan. Ich spüre, dass die Toten in dieser Sache zurechtkommen. Wie alt waren ihre Enkelkinder?

Wortwechsel zwischen der Dolmetscherin und der alten Frau.

DIE DOLMETSCHERIN: Der Junge war vier und das Mädchen acht.
DER TOTENGRÄBER: Ach, das ist hart. Ich habe um die fünfzig Kinder hier begraben. Vor drei Monaten sammelte ich an einem einzigen Tag dreizehn tote Kinder auf, alle zusammen ertrunken. Alle hatten Schwimmwesten an, aber falsche, zusammengeflickt von skrupellosen Schmugglern.
Ich kann Ihnen einige Schwimmwesen zeigen. Hier, ich habe sie eigenhändig eingesammelt, links liegen die richtigen, rechts die falschen. Diese zwei Stapel sind für mich wie zwei Denkmäler. Aber jetzt möchte ich Ihnen etwas ganz anderes zeigen.
(Öffnet die Tür einer Bretterhütte)

Überall stehen mit Kinderspielzeug vollgestopfte Regale.

Vielleicht kann sie ja etwas wieder erkennen.
Das Spielzeug wird manchmal schneller als die Kinderleichen ans Ufer gespült. Das ist meine Puppen- Plüschtiersammlung.

Wie unter Hypnose nähert sich die alte Frau dem Spielzeug.

Sie soll sich alles in Ruhe ansehen, wir haben es nicht eilig.

Die Dolmetscherin nimmt eine Packung Zigaretten hervor, bietet dem Totengräber eine Zigarette an. Die beiden rauchen.

DIE DOLMETSCHERIN: Ein schöner Tag heute … Und es ist überhaupt nicht windig …
DER TOTENGRÄBER: So etwas kommt selten auf unserer Insel vor. An solchen Tagen brauche ich mir keine Sorgen zu machen. Die Überfahrten gehen dann gut aus. Bei rauer See treten aber Probleme auf. Die Schmuggler reduzieren dann die
Preise bei der Überfahrt, und es gibt dann eine Menge Tote.

Pause.

DIE DOLMETSCHERIN: Und all diese Grabinschriften, diese Zahlen, diese Buchstaben, was bedeuten sie?
DER TOTENGRÄBER: Das sind die DNA-Codes der Ertrunkenen. Da diese Menschen keinen Ausweis dabei haben, macht man bei ihnen eine DNA-Analyse und hält das Ergebnis auf ihrem Grab fest. Dadurch können sie von ihren Familien identifiziert werden, falls man sie eines Tages sucht.
Das können Sie ihr sagen, wenn Sie möchten.

Die alte Frau kommt wirren Blickes zurück, sie drückt ein Plüschtier an die Brust.

10. SZENE
Der Mann mit der Aktentasche, Elihu.

MANN MIT AKTENTASCHE: Alles in Ordnung, Elihu?
ELIHU: Alles in Ordnung.
MANN MIT AKTENTASCHE: Gefällt es dir in Europa?
ELIHU: Ja, eigentlich schon.
MANN MIT AKTENTASCHE: Ich habe gehört, dass du im Flugzeug eine Heidenagst hattest.
ELIHU: Stimmt.
MANN MIT AKTENTASCHE: Wieso? Du bist doch jetzt ein richtiger Mann.
Wieso hast du denn im Flugzeug geweint?
ELIHU: Ich weiß es nicht.
MANN MIT AKTENTASCHE: Du hast fast alles kaputt gemacht, mein Junge.
ELIHU: Tut mir leid, Chef.
MANN MIT AKTENTASCHE: Wie sieht es mit deinem Englisch aus, kannst du schon ein wenig Englisch?
ELIHU: Ja.
MANN MIT AKTENTASCHE: Wie sagt man „Ich hatte Glück"?
ELIHU: *I was lucky.*
MANN MIT AKTENTASCHE: Suuuper! Du bist ein cleverer Junge.
ELIHU: Yes.
MANN MIT AKTENTASCHE: Und was heißt „Ich bin glücklich!?
ELIHU: *I am happy.*
MANN MIT AKTENTASCHE: Ich bin stolz auf dich, Elihu. Obwohl du nicht so ganz glücklich bist, wenn ich darüber nachdenke.
Oder täusche ich mich da etwa?
ELIHU: Ich weiß es nicht.

MANN MIT AKTENTASCHE: Du bist es nicht, Elihu … weil du dich nach deiner Familie sehnst. Hast du bereits Geld nach Hause geschickt?
ELIHU: Ja.
MANN MIT AKTENTASCHE: Wie viel?
ELIHU: Dreihundert Pfund.
MANN MIT AKTENTASCHE: Dreihundert Pfund? Ist das alles? Ist das alles, was du nach sechs Monaten beiseitelegen konntest?
ELIHU: Mehr habe ich nicht geschafft.
MANN MIT AKTENTASCHE: Das ist ein bisschen wenig, Elihu. Sehr wenig. So wirst du sie nie hierherholen können, weder deine Schwester, noch deine Brüder, noch deine Mutter. Auch wenn du Tag und Nacht schuften würdest, Elihu, würdest du ihnen den Weg hierher nie bezahlen können. Ich meine einen risikofreien Weg. Dieses Land ist kein Paradies für herbeigelaufene Schwarze wie dich. Du arbeitest hier wie ein Ochse und sie zahlen dir Peanuts. Hast du wenigstens hier neue Freunde gefunden, Elihu?
ELIHU: Ja.
MANN MIT AKTENTASCHE: In der Moschee?
ELIHU: Ja.
MANN MIT AKTENTASCHE: Sehr gut, aber pass gut auf, hier musst du dich vor allem vor Afrikanern hüten. Aber später, wenn deine Geschwister kommen, wird es besser für dich aussehen. Wenn deine Mutter kommt. Ihr werdet euch gegenseitig helfen. Und ihr werdet es schaffen. Es liegt alles in deinen Händen, Elihu. Du könntest sie alle sehr bald hierherholen, in drei, vier Monaten. Alles hängt von dir ab.
ELIHU: Und was muss ich tun?
MANN MIT AKTENTASCHE: Soll ich es dir erklären?
ELIHU: Ja, Chef.
MANN MIT AKTENTASCHE: Auch diesmal wird dir Gott behilflich sein. Gott selbst und kein anderer. Denn Gott ist groß und durch seine unendliche Güte hat er dir bereits einmal geholfen.

Und wenn du clever bist, wird er es noch einmal tun. Möchtest du, dass Gott dir auch ein zweites Mal die Hand reicht?
ELIHU: Ja.
MANN MIT AKTENTASCHE: Bist du dir sicher, Elihu?
ELIHU: Ja.
MANN MIT AKTENTASCHE: Und soll ich dir nun erklären, was du zu tun hast?
ELIHU: Ja, Chef.
MANN MIT AKTENTASCHE: Heb die Arme, Elihu. Genau. Und sage mir jetzt, wie viele Arme du hast.
ELIHU: Zwei.
MANN MIT AKTENTASCHE: Bewege die Beine, Elihu. Oder noch besser, spring hoch, als würdest du Basketball spielen. Wie viele Beine hast du, Elihu?
ELIHU: Zwei.
MANN MIT AKTENTASCHE: So ist es. Gott hat dir zwei Arme, zwei Beine, zwei Ohren, zwei Augen gegeben…
ELIHU: … damit ich einen Vorrat habe, ich weiß.
MANN MIT AKTENTASCHE: Genau, mein Junge, damit du einen Vorrat hast. Und ein Kapital. Denn auf dieser Welt muss man alles kaufen und dafür bezahlen. Keine Ahnung, wieso Gott es so eingerichtet hat, aber daran lässt sich jetzt gar nichts mehr ändern. Rein gar nichts mehr. Zum Glück haben wir …
ELIHU: … ein Kapital.
MANN MIT AKTENTASCHE: Schließ mal bitte das linke Auge, Elihu. Siehst du mich noch?
ELIHU: Ja.
MANN MIT AKTENTASCHE: Lass das Auge geschlossen, nimm dein Handy und wähle die Nummer, die ich dir jetzt vorsage … Geht das?
Null, null … vier, neun … sieben, sieben, sieben …
acht, acht, neun, acht, sieben, sechs, fünf … Jetzt muss es klingeln. (*Sein Handy in der Aktentasche klingelt*) Perfekt. Also du siehst es, Elihu, man kann auch mit nur einem Auge leben.

ELIHU: Ja.
MANN MIT AKTENTASCHE: Also?
ELIHU: Ich weiß nicht, was ich dazu sagen soll.
MANN MIT AKTENTASCHE: Überlege es dir gut, Elihu. Denk an deine Brüder und Schwestern. Denk an deine Mutter. An der Oberfläche jedes deiner Augen befindet sich eine dünne Schicht Gelatin, sie ist durchsichtig und weich. Man nennt sie *Hornhaut*. Eine Hornhaut kostet zwanzigtausend Dollar pro Stück. Verstehst du das? So wollte Gott uns haben: reich. Gott sagte: „Ich werde nun dem kleinen Elihu zwei Hornhäute geben, damit er ein Kapital hat."
ELIHU: Ja.
MANN MIT AKTENTASCHE: „Damit er seine drei Geschwister und seine Mutter hierherholen kann." Hörst du Gottes Stimme, mein Sohn? Er spricht zu dir.
ELIHU: Ja.
MANN MIT AKTENTASCHE: Wieso heulst du auf einmal? Wieso flennst du schon wieder?
ELIHU: Ich weine, weil ich es mag. Mit beiden Augen.
MANN MIT AKTENTASCHE: Mach weiter, Elihu. Weine nur. Möchtest du vielleicht eine Cola?

Westernmusik.

11. SZENE

Ein abgelegenes Dorf auf dem Balkan.
Man hört einen Lastwagen anhalten. Der Mann betritt den Raum, legt die Mütze und die Jacke ab, wäscht sich die Hände, setzt sich an den Tisch.

FRAU (*bringt ihm etwas zu essen*): Alles in Ordnung? (*Pause.*) Wie war's heute?
MANN: Wie war was?
FRAU: Hast du sie gesehen?
MANN: Ja.
FRAU: Sie kommen und kommen …
MANN: Ja, sie kommen …
FRAU: Wie soll das weitergehen?
MANN: Keine Ahnung.
FRAU: Du hast nie eine Ahnung.

Pause.

MANN (*schenkt sich Schnaps ein*): Ich arbeite den ganzen Tag. Was willst du denn hören?
FRAU: Auch die Serben haben angeblich die Grenze dicht gemacht.
MANN: Ja, ziemlich dicht.
FRAU: Und ist das gut?
MANN: Ich weiß es nicht.
FRAU: Ob du es weißt oder nicht, das Problem ist, dass nun alles wieder uns überlassen wird.
MANN: Was wird uns überlassen?

Pause. Schüchternes Türklopfen.

FRAU: Siehst du?
MANN: Was?

FRAU: Es geht los.
MANN: Geh und mach auf.
FRAU: Ich weiß nicht, ob das gut ist.
MANN: Wenn es an unserer Tür klopft, dann müssen wir sie öffnen, oder?
FRAU: Ich weiß nicht, ob das eine gute Idee ist, die Tür zu öffnen. Auch wenn es unsere Tür ist, müssen wir sie nicht unbedingt öffnen, oder?

Pause.

MANN: Komm, stell dich nicht so an, wir sind ja bei uns zu Hause. Also mach doch mal endlich diese verdammte Tür auf!

Die Frau geht die Tür öffnen.

MIGRANT (*steht am Eingang*): Hello!
FRAU (*zum Mann*): Hier haben wir es. Du wolltest ja nicht auf mich hören.
MANN: Was hören?
FRAU: Was machen wir nun mit ihm?
MANN: Keine Ahnung. Aber er hat dich gegrüßt, grüß wenigstens zurück.
FRAU: Wieso hat er mich gegrüßt? Wer weiß, was er zu mir gesagt hat.
MANN: Er hat dich gegrüßt. Das, was er sagte, heißt so viel wie *Guten Tag*. Also, sag ihm auch du *Guten Tag*.
FRAU: Guten Tag.
MIGRANT (*lächelt; hebt die Hand hoch und zeigt den beiden ein Handy*): Please!
FRAU: Was machen wir, Igor? Was machen wir nun?
Bitten wir ihn zu Tisch?
MANN: Ich weiß es nicht. Frag ihn, was er hier will.
FRAU: Was willst du hier? Hast du Durst?

MIGRANT (*zeigt abermals sein Handy*): Please …
FRAU: Hast du Hunger? Möchtest du etwas essen?
MIGRANT: Please …
FRAU: Er weiß nicht, was er will. Ich weiß es auch nicht. Was machen wir mit ihm?
MANN: Bring ihm einen Stuhl, oder?
FRAU (*schiebt einen Stuhl zur Tür*): Hier, setz dich.
MIGRANT (*mit einer flehenden Geste nimmt er ein Handykabel und zeigt es den beiden*): Please …

Der Mann steht auf, geht zum Migranten, nimmt das Handy, zieht das Kabel einer Stehlampe aus der Steckdose, um das Handykabel einzustecken.

FRAU: Das wollte er?
MANN: Ich denke schon.
FRAU: Aber …
MANN (*zum Migranten*): Setz dich. Setz dich auf den Stuhl.
MIGRANT: Thank you. Thank you.
FRAU: Gut, bisher ist es gut gelaufen. Und weiter?
MANN: Nun warte mal ab.
FRAU: Ist das alles, was er wollte?
MANN: Keine Ahnung. Aber gib ihm doch mal ein Glas warme Milch.

12. SZENE

Der Menschenschmuggler, Ali, Fehed, die Migranten.

MENSCHENSCHMUGGLER: Ali!
ALI: Ja?
MENSCHENSCHMUGGLER: Sag diesen Vollidioten im Frachtraum, sie sollen sofort aufhören herumzuspringen.
ALI Ja, Chef, aber …
MENSCHENSCHMUGGLER: Sie sollen mit diesem Geschrei sofort aufhören.
ALI: Ja, Chef. Ich fürchte aber … dass wir sinken, das Wasser steigt …
MENSCHENSCHMUGGLER: Es steigt, weil sie herumspringen.
ALI (*zu den Migranten im Frachtraum*): Schnauze hab ich gesagt! Sofort mit diesem blöden Theater aufhören, ich will keinen Mucksер mehr hören.
(*Zum Menschenschmuggler*) Sie haben Angst, Chef, das Wasser ist ihnen bis zu den Knien gestiegen.
MENSCHENSCHMUGGLER: Sag Ihnen, dass das Wasser steigt, weil sie nicht still sitzen.
ALI: Chef, es herrscht totale Panik da unten. Sie meinen, sie würden wie die Ratten ertrinken.

Pause. Der Menschenschmuggler denkt nach.

FEHED: Wir sind zu schwer, Chef. Wir werden dort niemals ankommen.

Pause. Der Menschenschmuggler denkt nach.

ALI: Wir sind einfach zu viele, Chef, wir müssen etwas unternehmen.

Pause. Der Menschenschmuggler denkt nach.

FEHED: Wenn Sie mich fragen, wir müssen ein paar Leute loswerden.

Pause.

ALI: Drei oder vier, mindestens.
FEHED: Sogar fünf.

Pause.

ALI: Sagen Sie uns, was wir tun sollen, Chef.
FEHED: Die Leute im Frachtraum haben sowieso sehr wenig, fast gar nichts bezahlt.
ALI: Wir könnten vier von ihnen rauspicken, ihnen Schwimmwesten geben und sie ins Wasser werfen.
MENSCHENSCHMUGGLER: Was haben die im Frachtraum für eine Religion?
ALI: Es sind Christen aus dem Sudan.
MENSCHENSCHMUGGLER: Hm, nimm zwei Christen und zwei Muslime.
ALI / FEHED: Wie bitte?!
MENSCHENSCHMUGGLER: Wirf also vier von ihnen über Bord. Aber mach es fifty-fifty!
ALI: Wie fifty-fifty?
MENSCHENSCHMUGGLER: Zwei Christen und zwei Muslime.
ALI: Das kann ich nicht machen, Chef!
FEHED: Chef, soll das etwa ein Scherz sein?
MENSCHENSCHMUGGLER: Überhaupt nicht. Und macht jetzt sofort, was ich euch gesagt habe.
ALI: Nein, Chef, das tue ich meinen Leuten nicht an.
MENSCHENSCHMUGGLER: Hör zu, Ali …
FEHED: Das ist nicht korrekt, Chef. Wir sind dreiundachtzig und sie sind bloß siebzehn.
MENSCHENSCHMUGGLER: Ja und?

FEHED: Wie ja und? Wo bleibt die Demokratie?
ALI: Das meine ich auch. Wir sind in der Mehrheit. Wir bestimmen das Gesetz.
MENSCHENSCHMUGGLER: Ali, denke mal ein bisschen nach. Wohin fahren wir jetzt? Das weißt du doch, oder?
ALI: Ja.
MENSCHENSCHMUGGLER: Wenn du es weißt, dann sag es mir.
ALI: Nach Italien.
MENSCHENSCHMUGGLER: Und was meinst du, was die Italiener für Menschen sind?
ALI: Also … Sie sind Europäer …
MENSCHENSCHMUGGLER: Eben nicht, du Schwachkopf! Die Italiener sind Christen. Und dort, bei diesen Christen, werden die hier politisches Asyl beantragen. Und genau diese Christen werden ihnen dann zu essen und zu trinken und Medikamente geben, wenn sie krank sind. Und ein Dach über dem Kopf. Kapierst du das, Ali? Und du, Fehed, hast du es kapiert?
ALI: Nein.
FEHED: Nein.
MENSCHENSCHMUGGLER: Sie werden auf christlichem Boden leben.
ALI: Ja und?
MENSCHENSCHMUGGLER: Also, diese Christen werden wohl nicht sehr glücklich sein, wenn man bei ihnen landet und sagt: „Tut uns richtig leid, aber wir hatten ein bisschen Übergewicht und mussten leider vier Christen über Bord schubsen."
ALI: Ja, aber das wäre doch die Wahrheit, oder?
FEHED: Sie haben die Demokratie erfunden, nun müssen sie auch die Konsequenzen akzeptieren.
MENSCHENSCHMUGGLER: Das stimmt wohl, aber ich wiederhole: Die Christen, die uns heute Abend bei sich aufnehmen werden, werden von einer solchen Aktion nicht sehr begeistert sein. Also ist es besser, wir gehen fifty-fifty vor. Da wir alle in

der Scheiße stecken, Muslime und Christen, müssen wir uns zu gleichen Teilen aufopfern. So wird uns keiner mehr etwas vorwerfen können.

ALI: Chef, das muss ja keiner erfahren …

FEHED: Wir könnten ja auch alle siebzehn über Bord gehen lassen, damit es keine Diskussionen mehr gibt.

ALI: Es ist unser gutes Recht, Chef. Wir sind in der Mehrheit, wir entscheiden, ganz demokratisch.

FEHED: Und keiner kriegt etwas mit.

MENSCHENSCHMUGGLER: Nein, Fehed, nein. Das Meer spuckt seine Geheimnisse früher oder später ans Ufer. Früher oder später erzählt das Meer alles.

13. SZENE

Die verschleierte Sängerin.

VERSCHLEIERTE SÄNGERIN: Hallo! Ich heiße Anahita. Ich bin Sängerin und ich bin hier, um Ihnen ein Lied zu singen. Doch vor allem möchte ich Ihnen nun erklären, wieso ich diese Burka trage. Ich trage sie, weil ich toxisch bin. Die Formen meines Körpers riskieren im höchsten Maße den sozialen Frieden zu stören. Deswegen muss ich sie verhüllen. Keineswegs dürfen meine Brüste hervorstechen. Meine Arme dürfen nie nackt sein. Keiner soll mein Haar, meinen Nacken oder meine Knöchel erblicken. Mein Körper verbirgt das hohe Risiko, die Blicke der Männer auf sich zu ziehen. Und, wie wir wissen, sind die Männer äußerst sensibel und zerbrechlich. Die Ansicht meines halbnackten Arms könnte eine Männerseele beunruhigen. Der Anblick meines nackten Arms riskiert einen Mann langfristig aus der Bahn zu werfen, ihn für immer zu betrüben.
Meine entblößten Knöchel, nur in Sandalen, würden einen heftigen Sturm auslösen. Angegriffen, schockiert, vergiftet durch solche Bilder, würde dieser Mann Risiko laufen, seine innere Ruhe, sein Gleichgewicht, seine Konzentrationsfähigkeit zu verlieren. Stellen Sie sich tausende von weiblichen Knöcheln vor, die impertinent und verantwortungslos in den öffentlichen Raum dringen. Dergleichen birgt das Potenzial, ein soziales Erdbeben auszulösen. Die Knöchel sind nichts anderes als Quellen von erotischen Träumen. Wie auch der Nacken, das Haar oder eine große Brust oder auch die Oberschenkel, deren Gestalt durch eine zu enge Burka sichtbar würde. Und so etwas kann nicht gut sein, oder? Es kann nicht gut sein, denn die Männerköpfe würden sich dadurch mit Fantasien füllen, die zu unrealisierbaren Wünschen führen würden. Und so würde dieser ganze Prozess eine tiefe Frustration hervorrufen, die das Familien- und Sozialleben, das soziale Gleichgewicht und letztendlich den sozialen Frieden und die ganze Zivilisation zerstören würde.

Ja, deswegen tragen wir Frauen in unseren Ländern eine Burka, um keinen emotionalen Tsunami auszulösen.
Aus denselben Gründen haben wir Frauen nicht das Recht, in der Öffentlichkeit zu singen. Die Männer dürfen es, die Stimme des Mannes, wie auch sein Körper sind harmlos, weder toxisch noch gefährlich. Aber unsere Stimme wirkt wie unsere Brüste, unser Haar, unser Hals, Nabel, unser Lächeln: anzüglich, provokant, lasterhaft. Deswegen darf ich in der Öffentlichkeit nicht singen.
Aber nun ich werde ich Ihnen trotzdem ein Lied singen. Ein Lied über das emotionale und sinnliche Elend, in dem ein Teil der Menschheit sein Leben verbringt. Mein Lied wird eine Minute lang dauern. Hört zu.
(Nimmt eine Sanduhr hervor und setzt sie in Gang; steht danach eine Minute lang bewegungslos da und fixiert wortlos das Publikum.)

Die Sanduhr läuft gleichmäßig ab, eine Minute lang.
Als der ganze Sand in die untere Hälfte der Uhr gerieselt ist, verbeugt sich die Sängerin vor dem Publikum, als hätte sie das Lied zu Ende gesungen.

14. SZENE
Zwei Kinderschmuggler.

1.KINDERSCHMUGGLER: Die Tatsache, dass Sie sich hier befinden und uns zuhören, zeigt bereits, dass Sie sich für uns interessieren.
2.KINDERSCHMUGGLER: Genauso wie ihr, lieben auch wir die Kinder. Wir lieben unsere Kinder, und wir lieben eure Kinder. Kinder sind unser höchstes Gut.
1.KINDERSCHMUGGLER: Und wir sind bereit, alles für ihre Zukunft zu tun, damit sie normal leben können, in Sicherheit und Gottesliebe.
2.KINDERSCHMUGGLER: Und ihr seid bereit, alles zu tun, damit ihr mit euren Kindern nach Europa kommen könnt, damit eure Kinder in Europa leben und dort zur Schule gehen und danach eine Arbeit finden können.
1.KINDERSCHMUGGLER: Aber ihr müsst wissen, dass ihr gar nicht mit ihnen mitgehen müsst nach Europa, damit sie in Europa leben können.
2.KINDERSCHMUGGLER: Es ist sogar viel einfacher und sicherer, wenn ihr sie alleine nach Europa schickt. Jawohl, das ist die beste Lösung für eure Kinder.

Die Menschenschmuggler schalten Musik ein. Man hört das Lied „Negarane Mani" des iranischen Popstars Morteza Pashaei.

1.KINDERSCHMUGGLER: Versteht ihr den Text?
1.+2. KINDERSCHMUGGLER (*singen mit*): „Es ist nie zu spät … Dein Schicksal kannst nur du allein bestimmen …"

Die beiden veranstalten eine Art Karaoke-Gesang, in den sie sich zunehmend hineinsteigern.

1.KINDERSCHMUGGLER: Hört uns gut zu, wir sind genauso wie ihr Eltern, die in Gottesfurcht leben.
2.KINDERSCHMUGGLER: Und im Namen Gottes, denn er allein zeigt uns den Weg, setzen wir uns mit aller Kraft für eure Kinder ein, damit sie ihr Schicksal in die Hand nehmen können.
1.KINDERSCHMUGGLER: Es ist an der Zeit es zu tun.
2.KINDERSCHMUGGLER: Das Schicksal eurer Kinder wird auch unser Schicksal sein, nur so werden wir das, was wir nun sind, auch bleiben können und unsere Identität nicht aufgeben müssen.
1.KINDERSCHMUGGLER: Wir haben bisher bereits tausende von Kindern aus Afghanistan, Syrien, aus dem Irak, aus Libyen und Somalia nach Europa gebracht.
2.KINDERSCHMUGGLER: Und wir haben unterwegs nie auch nur ein einziges Kind verloren. Ich schwöre es.
1.KINDERSCHMUGGLER: Ich schwöre bei Gott und bei der Seele meiner Mutter.
2.KINDERSCHMUGGLER: Wir sind keine Verbrecher.
1.KINDERSCHMUGGLER: Wir sind keine Diebe.
2.KINDERSCHMUGGLER: Wir sind keine Zuhälter.
1.KINDERSCHMUGGLER: Wir sind keine Ungläubigen.
2.KINDERSCHMUGGLER: Wir sind eine humanitäre Hilfsorganisation, die Kindern in Not die Hand reicht. Und eure Kinder, wie ihr gut wisst, befinden sich in einer verzweifelten Lage.
1.KINDERSCHMUGGLER: Eure Kinder haben keine Zukunft, wenn sie bei euch bleiben.
2.KINDERSCHMUGGLER: Zu jederzeit könnten bewaffnete Männer in eure Dörfern einfallen und eure Kinder aus der Schule entführen, um sie zu Soldaten zu machen.
1.KINDERSCHMUGGLER: Und wollt ihr das, dass eure Kinder mit zwölf zu fanatischen Kämpfern werden, die ihr Leben für den Dschihad aufopfern?
2.KINDERSCHMUGGLER: Nein, das wollt ihr nicht.
1.KINDERSCHMUGGLER: Und ihr wollt auch nicht, dass eure

Töchter von Boko-Haram oder anderen Terrorgruppen, im Namen Allahs entführt werden … Dass man sie an skrupellose Typen verkauft, die sie in Ehen mit verrückten Märtyrern zwingen, die sie danach zu minderjährigen Witwen machen.
2.KINDERSCHMUGGLER: Europa ist nun bereit, eure Kinder mit offenen Armen aufzunehmen.
1.KINDERSCHMUGGLER: In Europa werden Kinder in den Mittelpunkt gestellt, Kinderrechte bilden das Herz von Europas Werten und Idealen.

Sie teilen Flyer im Saal aus.

Das Gesetz wird eure Kinder in Europa schützen, man wird für eure Kinder sorgen und sie in die Schule schicken.
2.KINDERSCHMUGGLER: Seht euch diese Fotos an.

Es werden Kinderheime aus Deutschland und Schweden an die Wand projiziert.

2. KINDERSCHMUGGLER: Man wird sie in solchen Häusern aufnehmen.
1. KINDERSCHMUGGLER: Versehen mit Gebetsräumen.
2. KINDERSCHMUGGLER: Und mit Spielplätzen.
1.KINDERSCHMUGGLER: Sie werden Halal-Essen bekommen, das ist im Gesetz vorgesehen.
2.KINDERSCHMUGGLER: Und so schnell wie möglich, wird man euch alle nachkommen lassen.
1. KINDERSCHMUGGLER: Auch das wurde im Gesetz vorgesehen.

Die zwei Kinderschmuggler legen erneut Morteza Pashaeis Lied auf.

15. SZENE

Der Mann, der dauernd lächelt, Ayub.
Irgendwo auf der Sinai-Halbinsel.

MANN, DER DAUERND LÄCHELT: Ayub. Ayub.
AYUB: Ja?
MANN, DER DAUERND LÄCHELT: Wach auf, Ayub. Du hast genug geschlafen. (*Streckt ihm ein Handy entgegen*) Hier, rufe deine Mutter an. Weißt du noch ihre Rufnummer?
AXUB: Ja.
MANN, DER DAUERND LÄCHELT: Dann los. Und wenn sie antwortet, sage erst mal gar nichts. Warte, dass ich dir die Antworten zuflüstere.
AYUB: Ja.
MANN, DER DAUERND LÄCHELT: Ayub, mein Junge, bist du dir sicher, dass du mich verstanden hast?
AYUB: Ja.
MANN, DER DAUERND LÄCHELT: Also, keine Dummheiten machen.
AYUB: Nein.
MANN, DER DAUERND LÄCHELT: Hier, nimm einen Schluck Wasser.
AYUB: Danke, Chef.
MANN, DER DAUERND LÄCHELT: Rauchst du?
AYUB Nein. Aber ich denke, ich könnte jetzt damit anfangen.
MANN, DER DAUERND LÄCHELT (*gibt ihm ein Päckchen Zigaretten*): Hier. Jetzt wähle mal diese Nummer.
AYUB: Ja. (*Wählt eine Nummer*)
MANN, DER DAUERND LÄCHELT: Klingelt es?
AYUB: Ja.
MANN, DER DAUERND LÄCHELT: Wenn sie antwortet, sagst du: „Ich bin's, Ayub. Ich rufe dich aus dem Sinai an."
AYUB: Ich bin's, Ayub. Ich rufe dich aus dem Sinai an.
MANN, DER DAUERND LÄCHELT: Ich bin hier mit Freun-

den, alles ist in Ordnung.

AYUB: Ich bin hier mit Freunden, alles ist in Ordnung.

MANN, DER DAUERND LÄCHELT: Diese Freunde haben mein Leben gerettet.

AYUB: Diese Freunde haben mein Leben gerettet.

MANN, DER DAUERND LÄCHELT: Aber ich schulde ihnen Geld, Mama.

AYUB: Aber ich schulde ihnen Geld, Mama.

MANN, DER DAUERND LÄCHELT: Ich schulde ihnen 5.000 Dollar.

AYUB (*mit Tränen in den Augen*): Ich schulde ihnen 5.000 Dollar.

MANN, DER DAUERND LÄCHELT: Und ich habe ihnen versprochen, dass sie das Geld in zwei Monaten von mir bekommen.

AYUB: (*beginnt zu seufzen*): Und ich habe ihnen versprochen …

MANN, DER DAUERND LÄCHELT: Konzentriere dich, Ayub. Und ich habe ihnen versprochen, dass sie das Geld in zwei Monaten von mir bekommen.

AYUB: Konzentriere dich, Ayub. Und ich habe ihnen versprochen …

MANN, DER DAUERND LÄCHELT (*nimmt Ayub das Handy weg und schaltet es ab*): Ayub was ist los mit dir?

AYUB: Nichts.

MANN, DER DAUERND LÄCHELT: Du bist unkonzentriert und machst Fehler.

AYUB: Verzeihung, Chef.

MANN, DER DAUERND LÄCHELT: Es ist nicht das erste Mal, dass du Fehler machst, du weißt ja, wie so etwas endet.

AYUB: Ja, Chef, ich weiß es.

MANN, DER DAUERND LÄCHELT: Also, du möchtest doch wohl nicht wieder Fehler machen?

AYUB: Nein, Chef, ich schwöre es.

MANN, DER DAUERND LÄCHELT: Also wähle noch einmal diese Nummer.

Ayub wählt die Nummer.

Klingelt es?
AYUB: Ja.
MANN, DER DAUERND LÄCHELT: Also, du sagst … Es geht mir gut, Mama, ich bin gesund, meine Freunde geben mir zu essen und zu trinken, aber ich warte darauf, dass du mir Geld schickst, Mama.
MANN, DER DAUERND LÄCHELT: Es geht mir gut, Mama, ich bin gesund, meine Freunde geben mir zu essen und zu trinken, aber ich warte darauf, dass du mir Geld schickst, Mama. (*Öffnet eine Tür*)
Man hört die schrecklichen Schreie eines Gefolterten. (*Flüstert in Ayubs Ohr*)
Nein, das bin nicht ich, der so schreit.
AYUB: Nein, das bin nicht ich, der so schreit.
MANN, DER DAUERND LÄCHELT: Ich bin okay.
AYUB: Ich bin okay.
MANN, DER DAUERND LÄCHELT: Nur, dass ich auf das Geld warte.
AYUB: Nur, dass ich auf das Geld warte.
MANN, DER DAUERND LÄCHELT (*unterbricht das Gespräch*): Prima, mein Junge.
So, jetzt kannst du wieder gehen. Jetzt kannst du gleich eine rauchen.

16. SZENE

Die Kinderschmuggler.

1.KINDERSCHMUGGLER: Nun zu den praktischen Dingen.
2.KINDERSCHMUGGLER: Wir bringen eure Kinder ganz gefahrlos nach Europa, nur mit dem Bus.
1.KINDERSCHMUGGLER: Wir nehmen die Kinder, setzen sie schön in den Bus und bringen sie sicher nach Europa. Wir befahren eine absolut sichere Gegend, wir durchqueren kein einziges Kriegsgebiet, bei unseren Reisen gibt es nie ein Problem. Seht euch mal diese Karte an.

Wandprojektion.

Zuerst kommen wir in den Iran. Wir halten in mehreren Städten an, zum Beispiel in Täbris und Maku. Hier sind auch die Treffpunkte, wo noch einige dazukommen. Danach geht es in die Türkei. Wir kommen nach Istanbul und von dort bringen wir sie mit dem Zodiac nach Lesbos, das sich bereits in Griechenland, also in Europa befindet.
2. KINDERSCHMUGGLER: Wisst ihr, was ein Zodiac ist? Ein Zodiac ist ein großes Motorboot, das nie eine Panne hat. Die Kinder transportieren wir in Vierziger-Gruppen und setzen sie am Strand ab. Wenn sie ins Boot steigen, bekommen sie Schwimmwesten, denn so sind die Bestimmungen in Europa, jeder, der ins Boot steigt, muss eine Schwimmweste tragen. Macht euch aber keine Sorgen, die Kinder riskieren rein gar nichts, kein einziger Wassertropfen wird sie berühren.
1. KINDERSCHMUGGLER: Traut denen nicht, die mit Fotos von ertrunkenen Kindern in Europa Propaganda machen. Die Medien wollen euch bloß Angst einjagen, damit ihr nichts unternehmt.
Sie wollen, dass ihr tatenlos zu Hause sitzen bleibt.
1. KINDERSCHMUGGLER: In Wirklichkeit aber braucht Europa eure Kinder. Denn die Europäer werden immer älter und

sind dadurch zeugungsunfähig. Die Hoden des europäischen Mannes schrumpfen täglich, und sein Samen taugt nichts mehr. Das aber ist eine ganz andere Geschichte.

1. KINDERSCHMUGGLER: Nun zu den Preisen. Für 3.500 bis 4.000 Euro, es kommt darauf an, wo sie wohnen, übernehmen wir das ganze Paket. Wir kommen und holen die Kinder ab, auch wenn ihr im abgelegensten Dorf lebt, und sorgen dann für den Rest. Sobald wir die Kinder in Europa absetzen, werden sie von unseren Leuten übernommen, die euch rund um die Uhr auf dem Laufenden halten. Ihr werdet nie den Kontakt zu euren Kindern verlieren, das versprechen wir euch. Und Europa schickt ein Kind nie zurück, eher würde man euch ausweisen, wenn ihr sie begleiten würdet.

2. KINDERSCHMUGGLER: Falls ihr die Gesamtsumme nicht bezahlen könnt, ist das nicht weiter schlimm, wir regeln es dann eben anders.

Mit 12, 13 oder 14 kann ein Kind schon arbeiten. Wir finden Arbeit für sie, in unseren Textilwerkstätten in der Türkei. Die Welt geht bestimmt nicht unter, wenn sie dort sechs Monate lang acht Stunden pro Tag arbeiten. Sie bekommen dort volle Verpflegung und Unterkunft.

Und mit dem verdienten Geld können sie dann die weitere Reise bezahlen. Wir bringen ihnen danach bei, wie sie in Deutschland oder Schweden Asyl beantragen müssen. Wisst ihr, wie viele Kinder im letzten Jahr allein nach Schweden gekommen sind? 36.000. Über 36.000.

Jetzt lernen sie Deutsch und Schwedisch, in einigen Jahren werden sie einen Beruf ausüben und euch zu sich nehmen.

1. KINDERSCHMUGGLER: Denkt also gut nach. In euren Ländern haben eure Kinder überhaupt keine Zukunft, es läuft gar nichts mehr, eure Länder sind nur noch Käfige, denen eure Kinder nicht entkommen können.

2. KINDERSCHMUGGLER: Und fürchtet nicht, dass eure Kinder in Europa den Glauben verlieren.

1. KINDERSCHMUGGLER: Europa respektiert die Religion, es gibt an jeder Ecke Moscheen.
2. KINDERSCHMUGGLER: Und die muslimischen Feste werden überall eingehalten.

17. SZENE

Der coach, der hochrangige Politiker.

COACH: „Wir müssen eine Sicherheitszone in Europa einrichten." Hm … Klingt ein wenig brutal …

HOCHRANGIGER POLITIKER: In welchem Sinne?

COACH: Im Sinne der Formulierung. Es klingt wie ein Hammerschlag. Sie könnten das Gleiche mit mehr Betroffenheit aussagen. Sie könnten zum Beispiel sagen „Wir Europäer, werden unsere humanistischen Werte nie aufgeben, wir werden sie gerade jetzt mit noch mehr Entschlossenheit verteidigen."

HOCHRANGIGER POLITIKER: Ja, nur … Es kommt so schon beinah das Gegenteil, von dem, was ich sagen wollte, heraus.

COACH: Beinah, aber nur beinah. Und vor allem, Herr Präsident, ist es im Augenblick sehr wichtig, Emotionen zu zeigen. Die globalen Medien basieren auf Emotionen. Und es würde sich ganz gut machen, wenn Sie das Wort *humanistisch* ein wenig berührter aussprechen würden.

HOCHRANGIGER POLITIKER: Ja, aber … Hört sich das nicht etwas altmodisch an?

COACH: Ein wenig schon … aber nur ein wenig … Es ist gerade der richtige Moment, diesen Begriff ruhig wieder auszugraben. Das hat auch den Vorteil, dass Sie dadurch die Härte der folgenden Aussage etwas mildern, die sie dadurch unverändert beibehalten können, ich gratuliere Ihnen dazu.

HOCHRANGIGER POLITIKER: Ich kann also sagen „Wir müssen die Kriegsflüchtlinge von den Wirtschaftsflüchtlingen unterscheiden, und die Letzteren in ihre Herkunftsländer zurückschicken"?

COACH: Ja, juristisch gesehen ist die Aussage korrekt. Und zumal diese Maßnahme sich unmöglich umsetzen lässt, ist sie auch politisch korrekt.

HOCHRANGIGER POLITIKER: Georges …

COACH: Ja, Herr Präsident?

HOCHRANGIGER POLITIKER: Steckt in unserem Handeln nicht auch ein wenig Zynismus?
COACH: Ein wenig schon. Aber nur ein wenig. Im Grunde, tun wir nur das, was wir tun können. Und keiner kriegt es mit.
Es kommt ein Tsunami auf Europa zu, der alles verändern wird. Aber keiner weiß, wie und mit welchen Konsequenzen.
HOCHRANGIGER POLITIKER: „Es gibt bereits eine Liste der sicheren Länder, und wir werden alles Mögliche tun, um die Illegalen, die nicht die geringste Chance haben, als Flüchtlinge anerkannt zu werden, unter Zuhilfenahme aller uns zur Verfügung stehenden Mitteln, in diese Länder zurückzuschicken", kann ich diese Formulierung so beibehalten?
COACH: Nein, sie klingt ziemlich lächerlich, wie ein Gemeinplatz im Kontext der gesamten Rede. Versuchen Sie demnächst Formulierungen wie „wir werden alles Mögliche tun", „alle uns zur Verfügung stehenden Mittel" zu vermeiden. Der Wähler hat die Nase voll von solchen Aussagen, das Einzige, was er dabei denkt ist: „Sieh mal einer an, der hält mich ja schon wieder für völlig blöde." Ich schlage Ihnen an diesem Punkt eine eher poetische Einlage vor.
HOCHRANGIGER POLITIKER: Vorhin war es hochgradig emotional, nun wird es also poetisch …
COACH: Genau, denn Sie befinden sich immer noch in derselben Situation. Zumal Sie über eine nicht durchsetzbare Maßnahme sprechen, macht es sich natürlich wesentlich besser, wenn Sie dem Ganzen einen poetischen Anstrich verpassen. Es könnte sich zum Beispiel so anhören:
„Wir werden freilich Lösungen finden, um unsere Demokratie und unsere langjährigen Erfahrungen damit, den Frieden, den wir entschlossen verteidigen, und, was wir nicht vergessen dürfen, unseren wirtschaftlichen Wohlstand, auf andere Länder zu übertragen. Ich weiß, dass sich das nach Zauberei anhört, aber ich glaube an die Magie unseres politischen Willens."
HOCHRANGIGER POLITIKER: Georges …

COACH: Ja, Herr Präsident?
HOCHRANGIGER POLITIKER: Ich hoffe, Sie wollen mich nicht verarschen.
COACH: Nein, Herr Präsident. Und Sie können dann mit diesem Satz fortfahren: „Wir werden Verhandlungen mit unserem Verbündeten, der Türkei, aufnehmen, damit diese Selektion auf ihrem Gebiet stattfindet."
HOCHRANGIGER POLITIKER: Danke, Georges. Diese Aussage finden Sie also gut.
COACH: Jawohl, Herr Präsident. Sie ist kurz und bündig.
Die Kunst der Überraschung ist das Wichtigste bei einer Rede, der Rest ist bloß heiße Luft.

18. SZENE

Das Haus von Igor und seiner Frau, irgendwo im Balkan. Die Ausstattung hat sich etwas geändert. Es gibt nun mehr Stühle, Kabel, Stecker, an denen ein Dutzend Handys zum Aufladen angeschlossen sind. Vielleicht auch zwei, drei Migranten, die sitzend vor sich hin dösen und auf das Aufladen des Handys warten.
Man hört einen Lkw anhalten. Der Mann betritt den Raum mit einer Spitzhacke.

FRAU: Igor?

Der Mann steht auf, nimmt ein Stück Kreide aus der Tasche und malt, nicht weit von der Tür entfernt, eine andere Tür an die Wand.

Igor? Was hast du?

Der Mann sieht die Frau wortlos an. Danach packt er die Spitzhacke und beginnt auf die Mauer einzuhacken, um eine zweite Tür zu schaffen. Die Migranten dösen weiter vor sich hin.

Igor.

Der Mann antwortet nicht, er fährt mit dem Wandabriss fort.

(Nimmt ein Handtuch, geht zum Mann und wischt sanft den Schweiß von seiner Stirn) Igor.
MANN: Ja?
FRAU: Wieso bist du so früh zurückgekommen?

Keine Antwort.

Hörst du mich, Igor?
MANN: Ja.
FRAU: Was tust du da?

MANN: Das siehst du doch, oder?
FRAU: Nein, ich sehe gar nichts.
MANN: Ich mache eine Tür.
FRAU: Aber wir haben doch eine.
MANN: Das reicht nicht. (*Holt abermals mit der Spitzhacke aus.*)
FRAU: Igor.
MANN: Ja?
FRAU: Hier in der Gegend sind alle Häuser so gebaut.
MANN: Ja? Dann sind sie eben alle schlecht gebaut. (*Kehrt zu seiner Wand zurück.*)
FRAU: Igor.
MANN: Ja?
FRAU: Eine Tür reicht ganz und gar für uns.
MANN: Sie reicht ganz und gar nicht.
FRAU: Wieso nicht?
MANN: Ja, weil … (*fährt konzentriert mit seiner Arbeit fort.*)
FRAU: Igor.
MANN: Ja?
FRAU: Es wird Probleme mit der Heizung geben.
MANN: Das kriegen wir schon hin.
FRAU: Bei zwei Türen wird es im Winter Probleme mit der Heizung geben. Wir werden eine Menge bezahlen müssen.
MANN: Okay, es wird halt etwas mehr kosten. Aber deswegen rackere ich ja auch die ganze Zeit wie blöde, damit wir es uns leisten können. (*Fährt fort, auf die Wand einzuhacken.*)
FRAU: Und sehr gut sieht es auch nicht aus.
MANN: Jetzt nicht, aber wenn es dann fertig ist …
Wir machen eine große und schöne Tür. Eine größere und schönere als die alte.
FRAU: Bist du verrückt geworden, Igor?
MANN: Bin ich nicht. Ich möchte ganz einfach dieses Haus ganz normal betreten können.
FRAU: Ein Haus ist dazu da, um darin zu wohnen, nicht um rein- und rauszugehen.

MANN: Komm, lass mich arbeiten. (*Fährt fort auf die Wand einzuhacken.*)
FRAU: Igor …
MANN: Ja?
FRAU: Wir werden im Durchzug sitzen müssen.
MANN: Ja und?
FRAU: Die ganze Zeit hattest du Angst vor dem Durchzug, du hattest schon immer Probleme damit.
MANN: Stimmt nicht.
FRAU: Doch, doch, die ganze Zeit.
MANN: Wir werden auf jeden Fall besser atmen können, du wirst es sehen. Und wir werden mehr Licht haben, warte nur ab. Wir bauen ein viel gesünderes Haus.
FRAU (*holt einen Stuhl und stellt ihn vor den Mann*): Igor …
MANN: Ja?
FRAU: Setz dich.

Der Mann hört auf sie und setzt sich, als wäre er plötzlich ein braves Kind.

Erzähl mir, was passiert ist.
MANN: Gar nichts.
FRAU: Igor?
MANN: Ja?
FRAU: Erzähl mir, was passiert ist.
MANN: Sie haben mich versetzt.
FRAU: Sie haben dich versetzt?
MANN: Ja, sie haben mich versetzt.
FRAU: Wohin?
MANN: Auf eine Baustelle. An der Grenze. Ich soll jetzt Stacheldrahtrollen transportieren.
FRAU: Wieso?
MANN: Weil sie angefangen haben, einen Stacheldrahtzaun aufzuziehen. Entlang der ganzen Grenze ziehen sie zwei parallele

Stacheldrahtzäune auf. Es gibt dort Arbeit für mindestens zwei Monate. Wir sind mit zwanzig Lkw-Kränen angerückt, wir müssen die Stacheldrahtrollen transportieren. Du hast keine Ahnung, wie schwer die sind … Sie sind ja aus Stahl. Man muss sie genau an der Stelle absetzen, wo sie aufgerollt werden. Es ist beeindruckend. Und gefährlich. Vor allem für die, die sie abrollen. Sie tragen alle Metall-Schutzhandschuhe.
Aber das reicht nicht. Es gibt bereits einen Verwundeten. Ich habe ihn heute Morgen gesehen, der Stacheldraht hat sein Gesicht zerschnitten. Keine Ahnung, wie es passieren konnte. Die Stacheldrahtrollen kommen aus Ungarn, mit dem Zug, wir laden sie in Radokza auf.
Die Ungarn schenken uns anscheinend diesen ganzen Stacheldraht. Hunderte von Tonnen davon. So sieht es aus. Seit drei Tagen arbeite ich an der Grenze. Wenn du möchtest, kann ich dich einmal mitnehmen. Damit du es auch siehst. Zwei mächtige, parallele Stacheldrahtzäune. Sie sind sehr hoch. Praktisch unmöglich durchzuschneiden, höchstens mit einer elektrischen Säge. Sie sind richtig gut gemacht.

Pause. Die Frau bringt eine Flasche und zwei Gläser. Der Mann schenkt ein.

FRAU: Wir sind nicht mehr so jung, Igor.
MANN: Nein.

Pause.

Ich …

Pause.

FRAU: Ja?
MANN: Ich frage mich bloß … Ist das, was ich da mache, ein

Job wie jeder andere?
FRAU: Hm …
MANN: Was denkst du? Ist das ein normaler Job?
FRAU: Ich weiß es nicht.
MANN: Maricika, ich weiß es auch nicht. (*Trinkt sein Glas aus, macht sich dann wieder an die Arbeit.*)

19. SZENE

Die verschleierte Tänzerin.

VERSCHLEIERTE TÄNZERIN: Hallo. Mein Name ist Anahita. Ich bin Tänzerin und kam auf die Bühne, um Ihnen einen Tanz vorzuführen. Ich bin Tänzerin, obwohl ich in meinem Land nicht das Recht habe, öffentlich zu tanzen. Ich verstehe perfekt, wieso ich in meinem Land nicht das Recht habe, öffentlich zu tanzen. Die Körpersprache ist ein beunruhigendes Phänomen. Wenn eine Frau beginnt ihre Hüften, ihre Arme, ihren Bauch zu schwingen ... breitet sich plötzlich eine negative Energie im Universum aus. Eine Frau, die ihren Körper im Rhythmus der Musik schwingen lässt, wird zu einer sinnlichen Bombe, die in den Köpfen der Männer detoniert. Sie wissen natürlich alle, wie zerbrechlich, empfindsam, delikat die Männer sind.
Sie würden sich viel eher der Explosion einer Bombe auf dem Kriegsfeld aussetzten, als der des weiblichen Tanzes.
Die Schönheit, Poesie, Weiblichkeit, wie ich soeben sagte, sind extrem gefährlich. Sie verursachen eine Art Domino-Effekt, wodurch sich in den Männerköpfen eine Art dunkler Nebel ausbreitet, der umgehend das Denken blockiert, vergiftete Emotionen breiten sich dadurch in der ganzen Umgebung aus und explodieren in alle Himmelsrichtungen, wodurch das ganze Universum zu seinem Urzustand zurückkehrt und zu einem endlosen Chaos, zu einem formlosen, undefinierbaren Magma wird. Genau das passiert, wenn Frauen in der Öffentlichkeit zu tanzen beginnen, im Theater oder im Fernsehen.
Für Männer ist das kein Problem, sie können Tag und Nacht tanzen, gekleidet nach Herzenswunsch, zu welcher Musik auch immer. Noch nie in der Geschichte der Menschheit haben tanzende Männer die Harmonie der Dinge zerstört, das Gleichgewicht der Natur, den Ablauf der Jahreszeiten, den Rhythmus des Pflanzenblühens und der Blütenbestäubung negativ beeinflusst. Doch die diabolischen Bewegungen der tanzenden Frauen, das

Höllenfeuer, das Frauen beim Tanz antreibt, führt unweigerlich zum Zivilisationskollaps. Und weil ich jetzt ersticke, wenn ich hier nicht tanze, weil ich ohne zu tanzen nicht leben kann, werde ich nun vor Ihnen einen Tanz aufführen. Ich werde eine Minute lang für Sie tanzen. (*Bleibt bewegungslos eine Minute lang stehen, mit der Sanduhr in der Hand; verneigt sich dann vor dem Publikum.*) Vielen Dank!

20. SZENE

Bilder eines Slums, der an den Calais-Dschungel erinnert. Müll, Zelte und wacklige Hütten, wo die Migranten eine Bäckerei, einen Frisörladen, ein Café, eine Apotheke improvisiert haben. Eine der Hütten dient als Bordell.
Hier weihen einige Prostituierte einen „Raum der bezahlten Zärtlichkeit" ein. Die Figuren tragen erotische, aber „dezente" Kleidung. Frauen, Transvestiten. Darunter eine Zentralfigur, die Puffmutter, Anführerin einer Art Protestbewegung. Musik, Wandprojektionen usw. können bei der Aufführung hinzugefügt werden.

PUFFMUTTER: Europa ist ein riesiges Bordell, und das wissen wir alle!
ALLE: Jaaa!
PUFFMUTTER: Europa ist nicht fähig, die sexuellen Menschenrechte zu respektieren, das wissen wir auch!
ALLE: Jaaa!
PUFFMUTTER: Deswegen rufen wir zu einer Revolution im Bereich der bezahlten Zärtlichkeit auf!
PROSTITUIERTE: 1 Sex für alle, bis auf die Zuhälter!
PUFFMUTTER: Wir sind überzeugt, dass eine Welt ohne Zuhälter möglich ist.
ALLE: Sexarbeiter und Sexarbeiterinnen aller Länder vereinigt euch!
PUFFMUTTER: Eine gerechtere Sex-Welt ist möglich!
ALLE: Sexarbeiter und Sexarbeiterinnen aller Länder vereinigt euch!
PUFFMUTTER: Eine gerechtere Sex-Welt ist möglich! Wir müssen daran glauben und uns dafür engagieren und uns für den sexuellen Fortschritt der Menschheit stark machen!
Und daher rufen wir zu einem echten sexuellen Big-Bang auf!

Hier kann der Regisseur einen „sexuellen Big-Bang-Tanz" erfinden.

Doch vor allem muss es endlich mit der Heuchelei aufhören. Sex ist Leben. Das gleiche Recht auf Ausübung des Geschlechtsverkehrs für alle, dies hat der Staat uns zu garantieren.

PROSTITUIERTE 1: Deswegen fordern wir die Verstaatlichung der Sexdienstleistungen.

PUFFMUTTER: Um jedoch politisch korrekt zu sein, denn der Staat hat immer politisch korrekt zu sein, wird der Prostitution-Bereich ab sofort in *Abteilung der bezahlten Zärtlichkeit* umbenannt.

PROSTITUIERTE 2: Die Befreiung der Völker aus dem sexuellen Elend muss absolute Priorität haben …

PROSTITUIERTE 3: … damit wir eine glückliche sexuelle Globalisierung durchführen können.

PUFFMUTTER: Die Staatsmacht gehört in die Hände der sexuell Aktiven!

PROSTITUIERTE 1: Das ist eine logische Forderung…

PROSTITUIERTE 2: … und ein rationaler Imperativ.

PROSTITUIERTE 3: Kein Land der Welt, kein Staat, keine Organisation dürfen weiterhin von sexuell frustrierten Personen geführt werden.

TRANSVESTIT: Das erfordern der gesunde Menschenverstand und die Grundregeln des menschlichen Zusammenlebens, lediglich so besteht die Chance, die Menschheitsprobleme zu lösen, und diese Aktion endlich zu starten.

PUFFMUTTER: Europa hat die Arme geöffnet, um eine Million junger Männer im besten Zeugungsalter zu empfangen, ohne auch nur einen Augenblick an deren sexuelle Bedürfnisse zu denken.

PROSTITUIERTE 1: Der Mensch ist nicht bloß ein Arbeitstier, das sich zum Wohle der Wirtschaft einspannen lässt.

PROSTITUIERTE 2: Der Mensch steckt voller Fantasien und Impulse, Illusionen und Widersprüche.

PROSTITUIERTE 3: Jawohl, liebes Europa, wie konntest du in dein Haus eine Million Penisse und zwei Millionen Hoden ein-

laden, ohne ihnen auch nur eine einzige Ausdrucksmöglichkeit zu verschaffen, es ist unverständlich.
PUFFMUTTER: Genau.
PROSTITUIERTE 1: Genau.
PROSTITUIERTE 2: Genau, genau.
PROSTITUIERTE 3: Genau, genau, genau.
TRANSVESTIT: Man könnte sagen, liebes Europa, dass du nicht mit dem Kopf gedacht hast.
PUFFMUTTER: Eine Million junge, nach Zärtlichkeit hungernde Männer einzuladen, ohne ein minimales Programm für sexuelle Bedürfnisse ins Leben zu rufen, ist inakzeptabel.
PROSTITUIERTE 1: Unverantwortlich!
PUFFMUTTER: Deswegen laden wir sie zu diesem Hotspot der bezahlten Zärtlichkeit ein. Kommt alle, Sozialarbeiter, Künstler, Politiker, Gewerkschaftler, Banker, Soziologen, Sexologen …
PROSTITUIERTE 1: Kommt alle zu uns, in den Calais-Dschungel.
TRANSVESTIT: Um ernsthaft darüber nachzudenken.
PUFFMUTTER: Damit die Welt endlich aufhört, mit dem Arsch zu denken.

Der Tanz des sexuellen Big Bangs.

21. SZENE

Ein Förderband setzt sich in Bewegung. Es zieht eine lange Reihe von Schuhen, Stiefeln, Tennis-Schuhen, Sandalen an den Zuschauern vorbei. Einige davon nur einzeln, andere paarweise oder aufeinandergestapelt.

Dieses Vorbeiziehen soll die Idee des Exodus suggerieren, der chaotischen Umstände, unter denen die Menschen ihr Land verlassen haben.

Ein Menschenschmuggler erscheint auf dem Förderband, er hält ein T-Shirt hoch, auf dem Angela Merkels Porträt gedruckt ist. Er kann sich eventuell zu den Zuschauern begeben, um es zum Verkauf anzubieten.

Andere Schmuggler tauchen auf dem Förderband auf, um Gegenstände, die auf Merkels Popularität bei den Migranten setzen, anzubieten. Es werden Tassen und Bierkrüge, Helme, Plastiktüten usw. mit Angela Merkels Porträt angeboten, der europäischen Staatsführerin, die die Arme für eine Million Flüchtlinge geöffnet hat.

Während sie mit ihren Produkten durch den Saal laufen, geben die Schmuggler den Zuschauern Tipps, als wären diese Migranten.

MENSCHENSCHMUGGLER 1: Ihr habt es geschafft, Jungs. Jetzt werdet ihr gleich ein bisschen nass, aber was soll's. Guckt mal, man sieht schon die griechische Küste. Ich sage euch schon mal „Lebt wohl!“ und wünsche euch viel Glück.

MENSCHENSCHMUGGLER 2: Ein paar letzte Tipps trotzdem, bevor ihr das Festland erreicht.

MENSCHENSCHMUGGLER 3: Zwei-, dreihundert Meter vor dem Festland müsst ihr den Bootsmotor abschalten und ins Wasser werfen. So kann man euch nicht mehr mit demselben Boot zurück in die Türkei schicken.

MENSCHENSCHMUGGLER 1: Ruft so laut ihr könnt, „Allahu Akbar!“ So wird euch die Küstenwache wahrnehmen und erfahren, dass eine neue Gruppe Flüchtlinge eingetroffen ist.

MENSCHENSCHMUGGLER 2: Springt ins Wasser und schwimmt

zum Ufer, es ist besser, wenn man euch aus dem Wasser einsammelt.
MENSCHENSCHMUGGLER 3: Zuerst wird man euch zu einem *Hotspot* bringen, um euch auf eine Liste zu setzen und eure Fingerabdrücke zu nehmen. Fragt man nach euren Namen, könnt ihr alles behaupten, keiner kann es prüfen. Wichtig ist, dass ihr Asyl beantragt.
MENSCHENSCHMUGGLER 1: Ihr sagt einfach „Sono rifugiato", ich bin ein Flüchtling.
MENSCHENSCHMUGGLER 2: *I am a refugee,* mehr braucht ihr nicht zu sagen.
MENSCHENSCHMUGGLER 1: Ihr, die Pakistani, gebt euch als Afghanen aus, sonst schickt man euch zurück.
MENSCHENSCHMUGGLER 2: Ihr, die Algerier und Marokkaner, ihr müsst sie überzeugen, dass ihr Syrer oder Iraker seid.
MENSCHENSCHMUGGLER 1: Alle Türkei-Kurden aufgepasst! Ihr seid Syrer, sonst schicken die euch ruck, zuck in die Türkei zurück.
MENSCHENSCHMUGGLER 2: Ihr, die Afrikaner aus der Sahelzone, mit euch wird es etwas schwieriger. Am besten, ihr sagt, ihr seid Somalier, Eritreer oder Sudanesen.
MENSCHENSCHMUGGLER 1: Wenn ihr die deutsche Grenze erreicht, zieht ein T-Shirt mit Angela Merkels Bild an, es könnte euch weiterhelfen. Wer eins braucht, hier sind sie, für nur fünf Dollar pro Stück.
MENSCHENSCHMUGGLER 1: Wenn ihr vor den deutschen Grenzpolizisten steht, sagt „Frau Merkel hat mich eingeladen". Es könnte hilfreich sein.
MENSCHENSCHMUGGLER 3: Aufpassen an der dänischen Grenze, die nehmen euch das ganze Geld weg und alles was Schmuck ist, also, am besten, ihr kommt dort mit leeren Taschen an.
MENSCHENSCHMUGGLER 1: Egal, wo ihr hinkommt, vergesst vor allem nicht, dass diejenigen, die die Immigranten am wenigsten mögen, Immigranten sind, die bereits in Europa leben.
MENSCHENSCHMUGGLER 2: Kleiner Tipp für die Männer:

Passt gut auf eure Schwänze auf. Berührt ja keine Frau, falls sie euch freundlich ansieht.
MENSCHENSCHMUGGLER 3: Im Hallenbad immer einen Abstand von mindestens einem Meter zu den Frauen halten.
MENSCHENSCHMUGGLER 2: Und nie im Wasser masturbieren.
MENSCHENSCHMUGGLER 3: Schreibt es euch hinter die Ohren, hier zeigen die Frauen ihre Brüste und Beine, aber sie sind deswegen keine Prostituierten, kapiert? Macht nie eine Frau an, die irgendwo alleine sitzt und raucht oder etwas trinkt.
Das heißt nicht, dass sie auf den Strich geht.
MENSCHENSCHMUGGLER 1: Wenn ihr Prostituierte sucht, fragt einen Taxifahrer danach.
MENSCHENSCHMUGGLER 2: Aufpassen, wenn ihr den Asylantrag stellt, es gibt dafür Dolmetscher, die euch dabei helfen. Einige von ihnen sind eure Landsleute. Traut ihnen nicht. Ihre Aufgabe ist es, euch dem Akzent nach einzuordnen und zu enttarnen. Wenn ihr sagt, ihr seid Syrer, aber mit einem marokkanischen oder algerischen Akzent sprecht, dann ist für euch Feierabend.
MENSCHENSCHMUGGLER 3: Und egal, was ihr tut, meidet die Balkanländer. Mazedonien, Serbien, Albanien, Kosovo, es geht dort noch beschissener als bei euch zu Hause zu. Setzt nie einen Fuß in ein Balkanland, ihr könntet dort stecken bleiben.
ALLE DREI: Gott schütze euch, das Land eurer Träume wird eines Tages euer eigenes Land sein.

Die Schmuggler werden alle von einem Schnellboot geholt und verschwinden. Die Migranten rufen „Allahu akbar".

22. SZENE

Der Menschenschmuggler, Fehed.
Der Menschenschmuggler schlägt auf Fehed ein.

FEHED (*mit Tränen in den Augen*): Bitte aufhören, Chef!
MENSCHENSCHMUGGLER: Du erbärmliches Stück Scheiße!
FEHED: Aber was habe ich denn getan, Chef?
MENSCHENSCHMUGGLER: Du weißt also wirklich nicht, was du getan hast?
FEHED: Nein, Chef, nein.
MENSCHENSCHMUGGLER (*schlägt weiterhin auf ihn ein*): Ich bringe dich um, ich bringe dich verdammt noch mal um.
FEHED: Erbarmen, Chef, ich habe nichts getan.
MENSCHENSCHMUGGLER: Du Abschaum! Ich bringe dich eigenhändig um!
Du bist jetzt schon tot!
FEHED: Ich habe Kinder, Chef.
MENSCHENSCHMUGGLER (*schlägt auf ihn ein*): Ach was, du hast also Kinder!
FEHED: Ja.
MENSCHENSCHMUGGLER: Wie viele denn?
FEHED: Drei.
MENSCHENSCHMUGGLER: Keins von ihnen wird dich je wiedersehen, weil du jetzt schon tot bist.
FEHED: Aber wieso, Chef? Wieso?
MENSCHENSCHMUGGLER: Wieso? Du wagst es, auch noch zu fragen! Du miese Kanalratte! Du verdammtes Miststück! Was habe ich dir gesagt, wo solltest du diese Schwimmwesten kaufen?
FEHED: Wie bitte?!
MENSCHENSCHMUGGLER: Die Schwimmwesten, du Dreckschwein! Was habe ich gesagt, wo solltest du sie kaufen?
FEHED: Wo ich sie immer kaufe.
MENSCHENSCHMUGGLER (*auf ihn einschlagend*): Wo ich sie immer kaufe. Du wagst es auch noch, mir ins Gesicht zu lügen.

Ja schön, aber du hast sie ganz woanders gekauft. Du hast sie genau dort gekauft, wo du am wenigsten dafür bezahlen musstest, oder?

FEHED: Ja.

MENSCHENSCHMUGGLER: Und was übrig blieb, hast du in die eigene Tasche gesteckt, oder?

FEHED: Ja.

MENSCHENSCHMUGGLER: Und wieviel hast du dadurch verdient, Fehed?

FEHED: Nicht viel, Chef. Fünf Dollar pro Weste.

MENSCHENSCHMUGGLER: Fünf Dollar pro Weste.

FEHED: Hier ist das Geld. Ich gebe es Ihnen wieder zurück.

MENSCHENSCHMUGGLER: Hundert mal fünf macht insgesamt fünfhundert Dollar. Das ist gar nicht so viel.

FEHED: Nein, Chef.

MENSCHENSCHMUGGLER: Super! Pass mal gut auf, was ich jetzt mit diesen fünfhundert Dollar mache. (*Beginnt, Fehed die Scheine in den Mund zu stopfen*) Du wirst nun alle Scheine schön der Reihe nach auffressen.

FEHED: Verzeihung, Chef!

MENSCHENSCHMUGGLER: Na, schmeckt's? Maul auf, du Ratte!

FEHED (*erstickt beinahe an den Scheinen im Mund*): Ich werde sie nie wieder belügen, Chef, ich schwöre es.

MENSCHENSCHMUGGLER: Mich wieder belügen? Wieso mich wieder belügen?

Das geht doch gar nicht, du bist doch tot.

FEHED: Habe ich das verdient, Chef?

MENSCHENSCHMUGGLER: Ach, du Ärmster! Nein, überhaupt nicht. Aber was ist mit den Kindern, denen du die falschen Schwimmwesten gegeben hast, haben sie es verdient?

FEHED: Wiiie bitte?!

MENSCHENSCHMUGGLER: Ach so, das wusstest du also gar nicht. Wieso solltest du, armes Schwein, auch wissen, dass du

falsche Schwimmfesten gekauft hast!
FEHED (*schockiert*): Neeein!
MENSCHENSCHMUGGLER: Woher sollest du auch wissen, dass man mit falschen Schwimmwesten ertrinkt!
FEHED: Nein, das wusste ich nicht.
MENSCHENSCHMUGGLER: Na also, jetzt weißt du es. Die Scheißschwimmwesten, die du so preiswert gekauft hast, werde ich dir auch alle ins Maul stopfen … Damit geht man sofort unter.
Die erschweren den Körper und ziehen einen in die Tiefe. Das hast du an die Kinder verteilt, statt Schwimmwesten, ein paar Gräber … Und du gibst dich auch noch als gottgläubig. Wer ist denn dein Gott?

23. SZENE

Fernsehnachrichten.

NACHRICHTENSPRECHER: Die europäische Koordinationsbehörde Europol hat das spurlose Verschwinden von über zehntausend Migrantenkindern in den letzten zwei Jahren bekannt gegeben. Man befürchtet, dass die Mehrheit dieser Kinder durch verschiedene kriminelle Organisationen als Sklaven verkauft oder im Sexgewerbe eingesetzt wurden. Allein in Italien verschwanden um die fünftausend Kinder spurlos. Das Britische Innenministerium verkündete am Donnerstag, dass es eine Studie über Migrantenkinder, die durch den Krieg von ihren Eltern getrennt wurden, vorlegen würde.

24. SZENE

Der Mann mit der Aktentasche, Elihu.

MANN MIT AKTENTASCHE: Guten Tag, Elihu.
ELIHU: Guten Tag.
MANN MIT AKTENTASCHE: Erinnerst du dich noch an mich?
ELIHU: Ja.
MANN MIT AKTENTASCHE: Du bist wohl nicht sehr froh, mich wiederzusehen.
ELIHU: Ich weiß es nicht.
MANN MIT AKTENTASCHE: Geht es dir gut, Elihu?
ELIHU: Ich weiß es nicht.
MANN MIT AKTENTASCHE: Doch, doch, es geht dir gut. Ich sehe, du hast Arbeit, du hast deine Familie rübergebracht. Du bist ein wunderbarer Junge und Sohn, Elihu.
ELIHU: Ja.
MANN MIT AKTENTASCHE: Und ein großartiger Bruder.
ELIHU: Ja.
MANN MIT AKTENTASCHE: Schau mir mal in die Augen. Nicht bewegen, blinzle nicht. Unglaublich, es macht überhaupt keinen Unterschied.
ELIHU: Welchen Unterschied?
MANN MIT AKTENTASCHE: Zwischen deinem linken und rechten Auge. Man würde schwören, dass sie gleich sind.
ELIHU: Aber sie sind es nicht.
MANN MIT AKTENTASCHE: Ja, aber man merkt es gar nicht. Zwei perfekte, identische Zwillingsaugen.
ELIHU: Ja, nur dass sie nicht identisch sind.
MANN MIT AKTENTASCHE: Ist doch egal. Keiner hat etwas davon mitgekriegt, noch nicht einmal deine Geschwister, oder?
ELIHU: Sie nicht, aber meine Mutter.
MANN MIT AKTENTASCHE: Okay, deine Mutter hat es mitgekriegt, weil sie dich auf die Welt gebracht hat. So ist das halt mit den Müttern, sie wissen immer über ihre Kinder Bescheid.

Aber für deine Geschwister ist alles beim Alten geblieben.
ELIHU: Ja.
MANN MIT AKTENTASCHE: Elihu, hör mir jetzt gut zu. Es hat sich überall herumgesprochen, was du alles für deine Familie getan hast.
ELIHU: Was heißt das?
MANN MIT AKTENTASCHE: Alle haben Respekt vor dir, Elihu. Weil du an deine Familie gedacht hast und deren Leid nicht vergessen hast.
ELIHU: Ja.
MANN MIT AKTENTASCHE: Und diese Menschen, die dich ehren und schätzen, möchten dich nun etwas fragen. Deswegen haben sie mich zu dir geschickt. Du musst nicht sofort antworten. Denke bloß darüber nach. Denke über das, was ich dich jetzt fragen werde, nach, und denke über deine anderen Brüder nach, die du zwar nicht persönlich kennst, die aber auch zu deiner Familie gehören, zu deiner großen Familie. Verstehst du das, Elihu?
ELIHU: Nein.
MANN MIT AKTENTASCHE: Jetzt verstehst du es noch nicht, aber du wirst es bestimmt noch verstehen. Denn es gibt noch viele andere Menschen in Not, die dich dringend brauchen, Elihu. Die wissen, dass sie auf dich zählen können. Sie wissen, dass du an Gott glaubst, und ihnen zur Hilfe kommen wirst, wenn sie nach dir rufen.
ELIHU: Chef, ich kann aber nicht allen helfen.
MANN MIT AKTENTASCHE: Doch, Elihu. Du kannst eine noch viel größere Geste, als alle bisherigen, machen, Elihu. Weil du ein riesiges Herz hast. Und weil du weißt, dass Gott dir beisteht. Gott gab dir zwei Arme, zwei Beine, zwei Nieren, zwei Lungen, zwei Ohren, zwei Wangen…
ELIHU: Ja, aber ich brauche sie zum Leben.
MANN MIT AKTENTASCHE: Richtig, Elihu, er gab sie dir, weil du sie zum Leben brauchst, aber auch damit du anderen helfen kannst.

ELIHU: Ach so?

MANN MIT AKTENTASCHE: Und du weißt genau, dass Gott dir außerdem noch etwas gegeben hat.

ELIHU: Was?

MANN MIT AKTENTASCHE: Er hat dir zwei Leben gegeben, Elihu.

ELIHU: Hat er nicht.

MANN MIT AKTENTASCHE: Doch, das hat er, Elihu, das hat er. Gott hat dir in seiner unendlichen Güte zwei Leben gegeben. Er tat es, weil er dich liebte, weil er dich glücklich machen wollte. Als er dich geschaffen hat, sagte Gott: „Ich werde Elihu zwei Leben geben, eins für hier und eins für das Paradies." Und das wusstest du doch, Elihu, oder?

ELIHU: Nein, ich wusste es nicht.

MANN MIT AKTENTASCHE: Macht nichts, deswegen bin ich ja hier, um es dir mitzuteilen. Du bist ein reicher Mensch, Elihu, weil du zwei Leben hast. Das Leben hier, das so ist, wie es eben ist, und das andere Leben, das wunderschön ist und ewig dauert.

ELIHU: Sind Sie sich sicher, Chef?

MANN MIT AKTENTASCHE: Ja, Elihu, ich bin mir ganz sicher. Und du bist dir auch ganz sicher, weil du ein guter Junge bist und täglich betest und die ganze Zeit nur an deine Geschwister denkst.

ELIHU: Also, vielleicht nicht gerade die ganze Zeit …

MANN MIT AKTENTASCHE: Und deswegen bin ich nun hier, um dir diese Frage zu stellen, Elihu.

ELIHU: Welche Frage?

MANN MIT AKTENTASCHE: Da du zwei Leben hast, möchtest du nicht eins davon für deine Brüder in Not opfern?

Musik.

25. SZENE

Das Förderband läuft und produziert ein leises, spezifisches Geräusch. Darauf befinden sich Männer und Frauen – alle Migranten – die in die verkehrte Richtung laufen. Sie haben offensichtlich Mühe, sich aufrecht zu erhalten und kommen nicht voran.
Aus der anderen Richtung nähern sich der hochrangige Politiker und der Coach. Sie vermitteln den Eindruck von Schaufensterpuppen und kommen mühelos weiter, da sie das Förderband transportiert. Unvermeidlich werden sie auf die Migranten treffen.

HOCHRANGIGER POLITIKER: Georges, was denken Sie, sind wir Zeugen einer Invasion?
COACH: Nein, wir sind Zeugen einer Revolution.
HOCHRANGIGER POLITIKER: Wieso, Georges?
COACH: Weil die Welt, die wir aufgebaut haben, ein riesiger Supermarkt ist. Und weil wir seit Jahrzehnten den ganzen Planeten mit den Bildern unseres großartigen Supermarkts bombardieren. Das Problem ist nur, dass die prallvollen Regale sich in einem geografisch begrenzten Raum befinden. Es ist also kein Wunder, wenn sich jetzt riesige Schlangen vor dem Eingang zu unserem Paradies auf Erden bilden.
HOCHRANGIGER POLITIKER: Wäre es also besser gewesen, alles zu verstecken? Hätten wir also unseren armen Verwandten nicht mehr so viele Hochglanz-Postkarten schicken sollen? Liegt die Schuld abermals an den Medien?
COACH: Jawohl, Herr Präsident. Wir hätten mit unseren Produkten, unserem Genie, unserem Sinn für das Universelle nicht so viel angeben dürfen.
HOCHRANGIGER POLITIKER: Ich verstehe aber immer noch nicht, was das mit einer Revolution zu tun hat.
COACH: Die Revolution besteht darin, dass der Barkeeper des gesamten Planeten so langsam keine Lust mehr hatte, den einen nur reinen Wein einzuschenken und den anderen Pferdepisse. Und jetzt bedient er sich seines Cocktailshakers.

HOCHRANGIGER POLITIKER: Und was mixt er in diesem Shaker, Georges?
COACH: Uns und alle anderen Erdbewohner, Herr Präsident.

Der hochrangige Politiker und der Coach für politische Korrektheit werden vom Förderband in die Kulisse gebracht.
Auf dem Förderband erscheinen die drei Moderatorinnen des Europäischen Stacheldraht-Salons.

MÄDCHEN 1: Wir schlagen Stacheldrahtzäune auch für die Städte vor.
MÄDCHEN 2: Der Stacheldraht wurde extra dafür konzipiert, um Großstädte, kleinere Städte und Dörfer perfekt abzuriegeln.
MÄDCHEN 3: Wir bieten auch die Stacheldrahtzaunabriegelung für einzelne Personen an.
MÄDCHEN 1: Sollten sie sich bedroht, bedrängt, verfolgt, irritiert oder einfach nur unwohl durch die Präsenz einer fremden Person fühlen, verfügen wir über eine breite Palette von tragbaren, individuellen Schutzblasen.
MÄDCHEN 2: Die Stacheldraht-Schutzblase wurde für Ihren totalen persönlichen Schutz geschaffen, sie ist unsichtbar und lässt sich von außen unter keinen Umständen öffnen.
MÄDCHEN 1: Schließen Sie sich darin ein, morgens, bevor Sie die Wohnung verlassen …
MÄDCHEN 2: … und so befinden Sie sich den ganzen Tag in Sicherheit.
MÄDCHEN 3: Diese Blase ermöglicht Ihnen lediglich das, was Ihnen wirklich Spaß macht, sichtlich wahrzunehmen.
MÄDCHEN 1: Sie ermöglicht Ihnen, nur das, was Ihnen Freude macht, zu hören.
MÄDCHEN 2: Sie ermöglicht Ihnen, nur das zu riechen, was Ihnen wirklich bekommt.
MÄDCHEN 3: Kommen Sie so zahlreich wie möglich, meine Damen und Herren, zum Europäischen Stacheldraht-Salon!

Unsere neusten Stacheldraht-Blasen-Modelle warten auf Sie.

Die drei Moderatorinnen werden vom Förderband weggebracht. Die Geschwindigkeit des Förderbands nimmt zu. Die Migranten müssen sich mehr und mehr anstrengen, um ihre Positionen beizubehalten. Allmählich verschwinden sie nach und nach in die Kulisse.
Der Präsident und der Coach erscheinen auf dem Förderband.

HOCHRANGIGER POLITIKER (*spricht ins Mikrofon, seine Stimme ist über mehrere Lautsprecher zu hören*): Wir müssen wesentlich effizienter gegen die verbrecherischen Organisationen, die sich hinter den Schlepperbanden verstecken, vorgehen.
COACH: Ja.
HOCHRANGIGER POLITIKER (*die Stimme ist abermals über Lautsprecher zu hören*): Die Führer dieser mafiösen Organisationen befinden sich in Istanbul, Tripolis und sogar in Beirut, dies muss endlich gesagt werden.
COACH: Ja.
HOCHRANGIGER POLITIKER (*gleiches Spiel*): Sie sind, genauso wie die Dschihadisten des Islamischen Staates, unsere Feinde.
COACH: Das geht auch.
HOCHRANGIGER POLITIKER (*spricht weiterhin ins Mikro, doch plötzlich scheint dieses kaputt zu sein, und so hört man nur noch seine unverstärkte Stimme*): Das wollte ich Ihnen ganz unverblümt mitteilen, es ist ein dringendes Gebot der Stunde, die reine Wahrheit auszusprechen. Denn unsere Handlungsfähigkeit basiert gewiss nicht auf politisch korrekten Reden. Man muss ein für alle Mal den Finger in die Wunde legen.
COACH (*man hört seine Stimme über Lautsprecher*): Nein, das sollten Sie besser weglassen. Und versuchen Sie bitte ja nicht, sich der politischen Korrektheit durch eine politisch inkorrekte Kehrtwendung zu entziehen.
HOCHRANGIGER POLITIKER: Okay, Georges.
COACH: Das politisch korrekte Denken, Herr Präsident,

schützt uns vor der Verpflichtung handeln zu müssen.
HOCHRANGIGER POLITIKER: Ich verstehe, Georges.
COACH: Es ist der Stacheldrahtzaun, der uns ermöglicht Tipps zu geben, ohne Lösungen bieten zu müssen.
HOCHRANGIGER POLITIKER: Ich verstehe, Georges.
COACH: Also, solange Sie über keine Lösungen für die Probleme unserer Zeit verfügen, bleiben Sie politisch korrekt.
So brauchen Sie die Probleme nicht anzusprechen.
HOCHRANGIGER POLITIKER: Ja, Georges. Okay, Georges. Ich verstehe, Georges.

Die zwei Personen werden vom Förderband in die Kulisse gebracht. Das Förderband läuft weiter. Nach einer Weile erscheinen Gegenstände aus der Sammlung des Totengräbers aus Lesbos: Plüschtiere, Puppen, Spielzeugautos und -flugzeuge, ein Modell-Feuerwehrauto. Und sogar eine lebendige Katze.

ENDE

1. ZUSATZSZENE

(Alternative oder Pendant zur 15. Szene)
Der Mann, der dauernd lächelt, Chakira.
Irgendwo auf der Sinai-Halbinsel.

MANN, DER DAUERND LÄCHELT: Chakira, komm mal her.
CHAKIRA: Nein!
MANN, DER DAUERND LÄCHELT: Chakira, sei nicht so stur! Du weißt doch, dass ich nur dein Bestes will.
CHAKIRA: Ich will nicht nach Istanbul.
MANN, DER DAUERND LÄCHELT: Chakira, du wirst es super haben in Istanbul. Du hast goldene Hände, du wirst in einem Massage-Salon arbeiten, du wirst einen Haufen Geld verdienen, in sechs Monaten bist du deine Schulden los und dann kannst du nach Europa gehen. Das war doch so abgemacht, oder?
CHAKIRA: Nein.
MANN, DER DAUERND LÄCHELT: Chakira, komm gib mir einen Kuss.
CHAKIRA: Nein, ich werde dich jetzt verlassen.
MANN, DER DAUERND LÄCHELT: Wieso das denn? Jetzt sofort?
CHAKIRA: Ja.
MANN, DER DAUERND LÄCHELT: Okay, dann geh halt, aber das ist nicht nett von dir.
Was werde ich nur ohne dich tun?
CHAKIRA: Das ist nicht mein Problem.
MANN, DER DAUERND LÄCHELT: Komm, möchtest du eine rauchen?
CHAKIRA: Nein.
MANN, DER DAUERND LÄCHELT: Bloß einen Zug.
CHAKIRA: Wieso hast du mich verkauft?
MANN, DER DAUERND LÄCHELT: Ich habe dich nicht verkauft, du bist wie mein eigenes Kind, wie könnte ich dich verkaufen?

CHAKIRA: Wieso willst du mich dann nach Istanbul schicken?
MANN, DER DAUERND LÄCHELT: Weil ich diesem Typen etwas schulde.
CHAKIRA: Und du hast mich verkauft, um deine Schulden zu bezahlen?
MANN, DER DAUERND LÄCHELT: Ich habe dich nicht verkauft, ich habe dich bloß ausgeliehen.
CHAKIRA: Mich ausgeliehen, wie einen Gegenstand?
MANN, DER DAUERND LÄCHELT: Ja.
CHAKIRA: Für wie lange?
MANN, DER DAUERND LÄCHELT: Nur für sechs Monate.
CHAKIRA: Nur für sechs Monate.
MANN, DER DAUERND LÄCHELT: Genau, Chakira, und wenn diese Zeit rum ist, hol ich dich dort raus und bringe dich nach Deutschland.
CHAKIRA: Da mache ich nicht mit. Es ist aus. Du wirst mich nie wieder sehen.
MANN, DER DAUERND LÄCHELT: Chakira, lass mich nicht im Stich, gerade jetzt, wo ich dich brauche.
CHAKIRA: Du bittest mich, dich nicht im Stich zu lassen?
MANN, DER DAUERND LÄCHELT: Es geht um meine Ehre. Ich muss es tun.
CHAKIRA (*mit Tränen in den Augen*): Um deine Ehre? Und ich soll für deine Ehre aufkommen?
MANN, DER DAUERND LÄCHELT: Ich habe dich beim Pokerspiel verloren. Es ist sehr ernst. Ich habe keine andere Wahl. Der Typ wartet unten. Folge ihm und höre auf ihn. Sonst fällt alles auf mich zurück.
CHAKIRA: Nein.
MANN, DER DAUERND LÄCHELT: Chakira, geh nicht weg, das kannst du nicht machen.
CHAKIRA: Doch.
MANN, DER DAUERND LÄCHELT: Nein, weil mir das sehr wehtun würde. Und ich weiß, dass du mir nie wehtun würdest.

Chakira will den Raum verlassen.

Chakira! Chakira, warte, ich möchte dir etwas geben.
CHAKIRA: Was?
MANN, DER DAUERND LÄCHELT: Hier, diese Fotos.
CHAKIRA: Welche Fotos?
MANN, DER DAUERND LÄCHELT: Diese hier. Deine Familie.
CHAKIRA: Woher … woher hast du diese Fotos?
MANN, DER DAUERND LÄCHELT: Ist doch egal. Ich wollte dir bloß eine kleine Überraschung machen. Wie niedlich dein kleiner Bruder ist! Wie alt ist er denn jetzt?
CHAKIRA: Wer hat ihn fotografiert? Wieso zeigst du mir diese Fotos?
MANN, DER DAUERND LÄCHELT: Und hier, sieh mal, deine Mutter. Sie sieht noch sehr jung aus. Sie muss rund um die Uhr hart arbeiten, soweit ich das mitbekam, und deine Geschwister bleiben allein zu Hause. Hier, deine kleine Schwester. Nimm diese Fotos mit.

Tränen laufen über Chakiras Wangen.

(*Wischt ihre Tränen weg, steckt ihr eine Zigarette zwischen die Lippen, zündet sie an*) Das wird dir gut tun. Wie alt ist deine kleine Schwester?
CHAKIRA: Vier.
MANN, DER DAUERND LÄCHELT: Was für ein schönes Kind! Und macht einen derart cleveren Eindruck. Sieh mal hier, wie sie ganz alleine spielt. Deine Brüder spielen gerne Fußball auf der Straße, aber sie spielt am liebsten alleine in der Wohnung, mit Puppen. Diese niedlichen Puppen hast du ihr doch geschickt, oder?
CHAKIRA: Ja.
MANN, DER DAUERND LÄCHELT: Sehr lieb von dir. Im nächsten Jahr wirst du in Deutschland sogar an der Uni studieren können. Deine Mutter wird stolz auf dich sein.

(*Nimmt sein Handy hervor und wählt eine Nummer.*)
Vielleicht möchtest du ja mit ihr sprechen. Sie ist jetzt bestimmt zu Hause … Aha, es klingelt … Hier, sprich mit ihr.
CHAKIRA: Mama …
MANN, DER DAUERND LÄCHELT: Sag ihr Folgendes: Mir geht es gut, Mama, ich bin gesund, jetzt habe ich einen Job in Istanbul.
CHAKIRA: Mir geht es gut, Mama, ich bin gesund, jetzt habe ich einen Job in Istanbul.
MANN, DER DAUERND LÄCHELT (*flüstert ihr ins Ohr*): Nächste Woche schicke ich dir Geld, ich möchte, dass euch an rein gar nichts mehr fehlt.
CHAKIRA: Nächste Woche schicke ich dir Geld, ich möchte, dass euch an rein gar nichts mehr fehlt.
MANN, DER DAUERND LÄCHELT: Kannst du mir, bitte, auch meinen Bruder geben, ich möchte auch mit ihm ein bisschen sprechen.
CHAKIRA: Kannst du mir, bitte, auch meinen Bruder geben, ich möchte auch mit ihm ein bisschen sprechen.
MANN, DER DAUERND LÄCHELT: Okay, ich lass euch dann in Ruhe miteinander reden. Aber sag bitte dem Kleinen, er soll gut aufpassen, wenn er wieder Fußball spielt.

2. ZUSATZSZENE

Deutschunterricht in einem syrisch-irakischen Flüchtlingsheim. „Der Lehrer“, ein schon etwas älterer Flüchtling, ist offensichtlich ein ehrenamtlicher Helfer, der es geschafft hat, einigermaßen Deutsch zu lernen.

Er bedient sich als Anschauungsmaterial eines Angela-Merkel-Bildes fast in Naturgröße, um verschiedene Begriffe einzuführen. Er zeigt mit einem Stock auf Angela Merkels Schuhe oder malt einen Pfeil in deren Richtung.

DER EHRENAMTLICHE HELFER (*spricht das Wort aus und schreibt es an die Tafel*): Die Schuhe.
DIE SCHÜLER (*wiederholen es im Chor*): Die Schuhe.
DER EHRENAMTLICHE HELFER (*zeigt auf Angela Merkels Hose)*: Die Hose.
DIE SCHÜLER (*wiederholen es im Chor*): Die Hose.
DER EHRENAMTLICHE HELFER (*zeigt mit dem Stock auf Angela Merkels Sakko*): Das Sakko.
DIE SCHÜLER (*wiederholen es im Chor*): Das Sakko.
DER EHRENAMTLICHE HELFER (*zeigt auf Angela Merkels Sakkoknöpfe*): Der Knopf.
DIE SCHÜLER (*wiederholen es im Chor*): Der Knopf.
DER EHRENAMTLICHE HELFER: Drei Knöpfe. Eins, zwei, drei.
DIE SCHÜLER: Drei Knöpfe. Eins, zwei, drei.
DER EHRENAMTLICHE HELFER (*zeigt auf Angela Merkels Sakkotaschen*): Die Tasche.
DIE SCHÜLER (*wiederholen es im Chor*): Die Tasche.
DER EHRENAMTLICHE HELFER: Zwei Taschen. Eins, zwei.
DIE SCHÜLER (*wiederholen im Chor)*: Zwei Taschen. Eins, zwei.
DER EHRENAMTLICHE HELFER (*malt zwei Pfeile, die auf Angela Merkels Ohren deuten*): Das Ohr.
DIE SCHÜLER (*wiederholen es im Chor*): Das Ohr.
DER EHRENAMTLICHE HELFER: Zwei Ohren.

DIE SCHÜLER (*wiederholen es im Chor*): Zwei Ohren.
DER EHRENAMTLICHE HELFER: Eins, zwei. Okay? (*Malt zwei Pfeile, die auf Angela Merkels Augen deuten*) Das Auge. Ein Auge. Zwei Augen.

Die Schüler wiederholen es im Chor und notieren es sich ins Heft.

(*Malt einen Pfeil, der auf Angela Merkels Mund deutet*) Der Mund.
DIE SCHÜLER (*wiederholen es im Chor*): Der Mund.
DER EHRENAMTLICHE HELFER (*pfeil auf Angela Merkels Nase*): Die Nase.

Die Schüler wiederholen es.

(*Zeigt auf Angela Merkels Kopf*) Der Kopf.

Die Schüler wiederholen es.

(*Malt ein großes Herz auf Angela Merkels Blazer*) Das Herz. Angela Merkel hat ein gutes Herz. Angela Merkel hat ein großes Herz.

Die Schüler applaudieren.

3. ZUSATZSZENE

Ein Migrantenpaar, Abena und Nolan. Sie tragen Rucksäcke und schreiten im Dunkeln voran, entlang des Förderbands, mit Taschenlampen in der Hand. Sie befinden sich im Eurotunnel zwischen Frankreich und Großbritannien.

SIE: Ich bin am Ende.
ER: Komm, Abena, wir haben es gleich hinter uns.
SIE: Nein, ich kann nicht mehr.
ER (*reicht ihr eine Flasche Wasser*): Hier, trink ein wenig.
SIE: Es ist keine Luft hier.
ER: Ich kann es leider nicht ändern, wir werden es überleben.
SIE: Es ist heiß, ich ersticke.
ER: Komm, nur noch ein wenig, es kann nicht mehr weit sein.

Sie werden von einer Gruppe von drei oder vier anderen Migranten überholt.

MIGRANTEN: Kommt, weitermachen! Nicht aufgeben!

Er trinkt auch etwas Wasser. Sie setzt sich auf den Boden, lehnt an die Tunnelmauer.

ER: Mach die Taschenlampe aus, damit die Batterie nicht verbraucht wird.

Die junge Frau macht die Taschenlampe aus. Man hört einen Zug vorbeifahren.

SIE: Was ist das?
ER: Keine Ahnung, Wahrscheinlich ein Zug.
SIE: Wie spät ist es?
ER: Es ist fast fünf Uhr. Wenn wir uns etwas beeilen, erwischen wir noch den Sonnenaufgang.

Man hört Schreie, dann eine Stimme, die etwas in einer Fremdsprache sagt, danach Schritte. Man sieht andere Taschenlampen in der Ferne. Stille.

SIE: Nolan, bist du dir sicher, dass wir in die richtige Richtung laufen?
ER: Natürlich.
SIE: Dann lass uns weiterlaufen. Aber ich bin total am Ende.
ER: Wir schaffen es, Abena, wir schaffen es.

Man hört Schritte von rennenden Menschen. Jemand lacht im Dunkeln, in der Nähe der beiden.

DER LACHENDE MANN: Hey, ihr zwei! Ich gebe euch einen Tipp. An eurer Stelle würde ich mich jetzt nicht bemerkbar machen.
ER: Was? Wer bist du? Wo bist du?

Der lachende Mann knipst eine Taschenlampe an und beleuchtet sich damit. Er scheint ein fliegender Händler zu sein, auf dessen Wagen sich verschiedene Produkte stapeln: Coladosen, Obst, Keks- und Zigarettenpackungen, Batterien, Handys usw.

DER LACHENDE MANN: Ich bin hier, keine Angst. Hört ihr diese Geräusche? Es sind die Morgenpatrouillen. Am besten, ihr versteckt euch für eine Weile.
ER: Und du? Was machst du hier? Bist du unsichtbar?
DER LACHENDE MANN: Ein wenig schon. Sieht man es nicht? Ha, ha. Ich bin der Typ, mein Junge, den ihr braucht, wenn ihr am Ende seid. Ich bin hier, um euch weiter zu helfen. Ich habe kalte Cola, wollt ihr eine? Ich habe Batterien, wenn ihr welche braucht. Also nur zugreifen, habt ihr noch nie etwas von Koffi gehört? Haha, ich bin der Koffi-Supermarkt, der beste im ganzen Tunnel.
SIE: Also, ich möchte eine kalte Cola.
DER LACHENDE MANN: Hier, meine Liebe. Drei Euro. Und falls

es dir zu warm ist, kann ich dir einen Wasserspray zum Abkühlen anbieten.
ER: Nein, danke. Zuerst möchten wir aus diesem Tunnel heraus kommen, dann sehen wir weiter.
DER LACHENDE MANN: Immer mit der Ruhe. Ihr seid am richtigen Ort.
Wir befinden uns hier in England, meine Kleinen.
SIE: Wirklich?
ER: Wieso denn das?
DER LACHENDE MANN: Merkt euch das, auch wenn die euch erwischen sollten, können sie euch gar nichts tun. Ihr sagt einfach „entschuldigen Sie bitte, wir möchten auf der britischen Seite herauskommen, weil die französisch-britische Grenze weit hinter uns liegt, in Calais."
ER: Nein, ist das wahr?
DER LACHENDE MANN: Hi, hi, hi. Koffi lügt nie. Hier kennen mich alle.
Ich verkaufe auch Schlafsäcke, solltet ihr welche brauchen. Falls ihr die Nacht hier im Tunnel verbringen möchtet, mit dem Meer über euren Köpfen. Überlegt mal, diese Gelegenheit habt ihr nie wieder. Eine Nacht unter dem Ärmelkanal, zwischen Frankreich und England, unter den Meereswellen, statt unter freiem Himmel. Klingt doch romantisch, oder? Das würde ich mir auf keinen Fall entgehen lassen. Ab morgen beginnt für euch ein bürgerliches Leben in England, also ist das eure letzte poetische Nacht, hi, hi, hi.

Ein Schrei in der Ferne. Sich schnell annähernde Schritte. Eine exzentrisch gekleidete Frau erscheint, sie könnte eine Prostituierte, aber auch eine Wahrsagerin sein.

DIE WAHRSAGERIN: Hallo, Koffi. Hast du Feuer?
DER LACHENDE MANN: Yeeees. (*Gibt ihr Feuer*) Ich möchte dir meine Freunde vorstellen. Sie möchten die Nacht unter den Seesternen verbringen, hi, hi.

ER: Das möchten wir nicht.

SIE: Wieso nicht?

ER: Komm, Abena, sie sind verrückt.

DER LACHENDE MANN (*flüsternd und auf die Wahrsagerin zeigend*): Geht nicht weg, unterhaltet euch ein wenig mit ihr. Sie kann handlesen, sie kann die Zukunft voraussagen. Eure Zukunft dürfte euch doch einigermaßen interessieren, oder? Hi, hi, hi.

DIE WAHRSAGERIN: Um damit anzufangen: Wisst ihr, dass ihr in die falsche Richtung lauft?

ER: Wie bitte?!

DIE WAHRSAGERIN: Nichts zu machen, sorry, aber euer Glück befindet sich in der Gegenrichtung.

ER: Aber wieso? Liegt England denn nicht in dieser Richtung?

DIE WAHRSAGERIN: Eben nicht. England liegt hinter euch.

ER: Das ist nicht wahr.

DER LACHENDE MANN (*zur Wahrsagerin*): Halt doch mal endlich die Klappe, du Miesmacherin! Wieso willst du ihnen den Spaß verderben, wo sie schon so weit gelaufen sind!

DIE WAHRSAGERIN: Ich will keinem den Spaß verderben, mir soll das scheißegal sein. Vergiss es, ich gehe mich jetzt mal hinlegen. Mir reicht es. (*Flüstert Nolan ins Ohr.*)

Der Tunnelausgang, mein Junge, befindet sich über dir. (*Ab.*)

DER LACHENDE MANN: Ihr dürft sie nicht ernstnehmen, so ist sie eben.

SIE: Wo legt sie sich denn hin?

DER LACHENDE MANN: Sie hat da einen kleinen Raum. Einen kleinen Wahrsager-Salon. Wir haben unser kleines, nettes Städtchen hier unten aufgebaut. Es gibt hier ein Café, einen Frisörladen, einen Lebensmittelshop, eine Wechselstube, eine Apotheke, einen Kindergarten. Und sogar ein Bordell, hi, hi, hi.

SIE Wo sind wir denn hier gelandet, Nolan? Ich möchte sofort hier weg. Wieso kann man das Ende des Tunnels von hier aus nicht sehen? Und wer sind diese Leute?

Die Migrantengruppe, die das Paar vor einigen Minuten überholt hat, kommt jetzt auf dem gleichen Weg wieder zurück.

MIGRANT: Kommt, weiterlaufen! Es geht weiter. Es liegt in der anderen Richtung.
ER: Ich glaube es einfach nicht. Das darf doch nicht wahr sein. Wir laufen seit zehn Stunden durch diesen Tunnel, wir sind mindestens vierzig Kilometer gelaufen. Hey, Koffi, was ist denn mit diesen Leuten los? Sind die denn alle irre?
DER LACHENDE MANN: Die kannst du alle vergessen. Ihr beide seid noch jung. Und ihr habt eine Menge Glück mit mir. Denn ich verkaufe auch Sonnenbrillen in jedem Format.
ER: Du bist auch verrückt, Mann! Was zum Teufel soll ich denn mit einer Sonnenbrille in diesem Tunnel?
DER LACHENDE MANN: Ganz ruhig! Sei clever und probiere sie an. Wenn ihr zwei Paar davon kauft, mache ich euch einen Sonderpreis. Beim Verlassen des Tunnels werdet ihr einen Wegweiser sehen, auf dem El Dorado steht. Es ist also besser, wenn ihr dann die Sonnenbrille sofort aufsetzt, damit euch das starke Licht nicht blendet. Hi, hi, hi.

Das Mädchen beginnt sich zu übergeben.

ER: Was ist denn los, Abena?
SIE: Keine Ahnung. Die Cola hatte einen ganz komischen Geschmack.

Höllischer Lärm durch einen vorbeirasenden Hochgeschwindigkeitszug.

DER LACHENDE MANN: Das ist der erste Zug heute. Das heißt, die Sonne geht jetzt gerade auf.

Mehrere Migranten mit Taschenlampen kommen auf den Verkaufsstand des lachenden Mannes zu. Einer von ihnen begibt sich zu dem jungen Paar und spricht leise auf die beiden ein.

MENSCHENSCHMUGGLER: Für sechzehntausend Euro bringe ich euch problemlos hinüber. Beide. Mit einem Fischerboot. Wir fahren an der belgischen Grenze los. (*Nimmt ein Heft hervor*) In drei Wochen. Wir können da einen genauen Termin abmachen. No problem. No risk.
DER LACHENDE MANN: No risk, no fun. Ich organisiere alles. Durch eine Agentur. Mit Aktenkennzeichnen, Erfolg garantiert. Das Geld zahlt ihr cash an den Agenten, euer Begleiter bekommt es erst dann, wenn ihr drüben seid und es telefonisch bestätigt. Wir sind keine Menschenschmuggler, wir sind Profis. Eine Menge Immigranten wurden übers Ohr gehauen. Aber wir schlagen euch einen fairen Deal vor.

Ein Migrant entdeckt in Koffis Laden ein Musikinstrument (zum Beispiel eine Kalimba) und beginnt darauf zu spielen. Die Wahrsagerin erscheint und beginnt Flyer zu verteilen, vielleicht auch an das Publikum.

DIE WAHRSAGERIN: Der große Meister Mafara – Professor, Medium, Wunderheiler – hält heute einen Vortrag über Selbstheilung, Seelenpower und erfüllte Liebe.
Er bietet universelle Lösungen. Bezahlung erst nach dem Endergebnis. Beteiligt euch, er weist euch den Weg aus dem Tunnel.

Zunehmend mehr Leute machen sich im Tunnel bemerkbar, Taschenlampen werden nach und nach angeknipst. Man würde meinen, die soeben erwachten Tunnelbewohner beginnen, sich die Zähne zu putzen, das Frühstück vorzubereiten. Alle zwei Minuten produziert ein vorbeirasender Hochgeschwindigkeitszug einen Höllenlärm.

Ein Mädchen mit einem Tablett, auf dem sich Tassen mit heißem Kaffee befinden, zieht umher.

MÄDCHEN MIT DEM TABLETT: Kaffee? Wer möchte einen Kaffee? Kaffee?

Zunehmend lauter werdende Geräuschkulisse. Essende und trinkende Menschen, die Toilettenspülung wird betätigt, Rufe.

EIN KIND: Die Dschungel-Zeitung! Heutige Morgenausgabe! Kauft die Dschungel-Zeitung!

Der Menschenschmuggler wendet sich an das Sonnenbrillen anprobierende Migranten-Paar.

MENSCHENSCHMUGGLER: Wie sieht's aus? Habt ihr darüber nachgedacht? Kommt, ich gebe einen Kaffee aus.
ER Sechszehntausend Euro ist sehr viel, wir haben dieses Geld nicht.
MENSCHENSCHMUGGLER (*kauft eine Spraydose, die er Abena aushändigt*): Nicht schlimm, es lässt sich immer eine Lösung finden. (*Fotografiert Abena*) Wie heißt du?
DER LACHENDE MANN: Hi, hi, hi. (*Laut*) Die warmen Brötchen sind da! Greift zu, warme Brötchen!

Die Geräusche einer unterirdischen Stadt werden immer lauter und vielfältiger. Man hört Stimmen, Musik, Händlerrufe, vorbeifahrende Züge.

ER (*hält sich, plötzlich überfordert die Ohren zu und beginnt zu schreien*): Es reicht! Es reicht! Es reicht!

Seine Schreie scheinen sich auf die „unterirdische Stadt" unerwarteterweise auszuwirken. Die Taschenlampen gehen nach und nach aus, die Stimmen verstummen, das Gewirr setzt aus.

Tiefe Stille. Zum ersten Mal hört man die an den Strand rollenden Meereswellen.
Sogar der lachende Mann ist verschwunden. Nolan beleuchtet Abenas Gesicht mit der Taschenlampe. Sie hat sich inzwischen eine Sonnenbrille aufgesetzt.

Abena … Also … Wirf die sofort weg! Du wirst denen doch nicht alles, was sie dir erzählen, abkaufen!
SIE Lass mich in Frieden, Nolan. Man darf wohl auch noch ein wenig träumen, oder?

4. ZUSATZSZENE

Vorschläge für ein während dieser Szene zu projizierendes Videoclip: Ein von einer Person, von fünf, zehn, fünfzig, hundert, zweihundert, vierhundert, tausend, zweitausend, zehntausend Personen überquertes Feld. Die Menschen bleiben unsichtbar, lediglich die hinterlassenen Spuren sind wichtig.
Das Gleiche kann man auf einem schneebedeckten oder von abgefallenen Blättern bedeckten Feld wiederholen, usw.

MIGRANT 1: Ich komme aus Pakistan und hab da so meine Zweifel.
MIGRANT 2: Und ich komme aus Sri Lanka und hab da auch so meine Zweifel.
MIGRANT 3: Ich komme aus Afghanistan und hab da auch so meine Zweifel.
MIGRANT 4: Ich komme aus Eritrea … und hab da auch so meine Zweifel.
MIGRANT 5: Und ich komme aus dem Irak.
MIGRANT 6: Ich komme aus Syrien.
MIGRANT 7: Ich komme aus Somalia.
MIGRANT 5: Und wir haben da alle so unsere Zweifel.
MIGRANT 8: Ich komme aus Haiti.
MIGRANT 9: Ich komme aus Algerien.
MIGRANT 10: Ich komme aus Lybien.
MIGRANT 6: Und wir haben da alle so unsere Zweifel.
MIGRANT 11: Ich komme aus Kongo.
MIGRANT 12: Ich komme aus dem Sudan.
MIGRANT 7: Und wir haben da alle so unsere Zweifel.
MIGRANT 1: Wir meinen damit …
MIGRANT 2: Wir meinen damit …
MIGRANT 3: Dass wir uns da gar nicht so sicher sind …
MIGRANT 4: Dass wir uns tatsächlich überhaupt nicht sicher sind …
MIGRANT 5: Aber wirklich überhaupt nicht, überhaupt nicht sicher sind …
MIGRANT 6: Wir sind uns überhaupt nicht sicher, dass es ein

Leben im Jenseits, ein Leben nach dem Tod überhaupt gibt.
MIGRANT 1: Jawohl, das ist unser Problem. Und es geht uns nach, es geht uns sehr nach.
MIGRANT 2: Und daher meinen wir, es sei besser, unser jetziges Leben möglichst intensiv zu leben.
MIGRANT 3: Also, wir meinen, wir müssten davon einigermaßen profitieren.
MIGRANT 4: Und daher sind wir zu euch gekommen.
MIGRANT 5: Und werden auch weiterhin zu euch kommen.
MIGRANT 7: Durch diesen Zweifel getrieben. Der philosophischer Art ist; ich hoffe, das ist ihnen klar.
MIGRANT 13: Ich komme aus dem entfernten Mali, von diesem philosophischen Zweifel getrieben.
MIGRANT 15: Und ich aus dem Iran.
MIGRANT 16: Und ich aus Türkisch-Kurdistan.
MIGRANT 1: So ist das, nun wissen Sie also, wie es aussieht.
MIGRANT 2: Wir werden auch weiterhin zu euch kommen.
MIGRANT 3: Angetrieben durch diesen Zweifel.
MIGRANT 4: Wir werden von einer sich uns entziehenden Kraft angetrieben.
MIGRANT 5: Also, ganz ehrlich, wir möchten euch keineswegs stören, aber diese Kraft ist wesentlich stärker als wir.
MIGRANT 6: Sodass wir auch weiterhin zu euch kommen werden, trotz des Risikos unterwegs hops zu gehen, im Meer zu ertrinken.
MIGRANT 7: Ja, wir werden auch weiterhin zu euch kommen.
MIGRANT 1: Habt also keine Angst.
MIGRANT 2: Wir sind keine Fanatiker. Wir kommen nur aufgrund dieses philosophischen Zweifels.
MIGRANT 3: Wären wir sicher gewesen, dass uns das Paradies nach dem Tod erwartet …
MIGRANT 4: … wären wir alle schön zu Hause geblieben.
MIGRANT 5: Aber wir werden von diesem Zweifel angetrieben …
MIGRANT 6: … sodass wir nun hier sind.

MIGRANT 7: Wir haben im Fernsehen gesehen, dass es euch gut geht, dass euch an gar nichts fehlt …
MIGRANT 8: … während wir verhungern.
MIGRANT 9: Wir haben im Fernsehen gesehen, dass das Leben für euch eine große Party ist …
MIGRANT 10: … während bei uns immer nur Krieg herrscht.
MIGRANT 11: Wir haben im Fernsehen gesehen, dass eure Städte im Sommer leer sind, weil ihr dann alle Urlaub macht.
MIGRANT 1: Und so haben wir uns gesagt, kommt, lasst uns auch ein wenig Urlaub machen, nur ein klein wenig, lasst uns das auch alles ein wenig genießen.
MIGRANT 2: Wir sind also ohne böse Absichten zu euch gekommen.
MIGRANT 3: Wir möchten uns auch nur ein klein wenig globalisieren.
MIGRANT 4: Okzidentalisieren.
MIGRANT 5: Urbanisieren.
MIGRANT 6: Modernisieren, demokratisieren, liberalisieren, öffnen, emanzipieren, unsere Komplexe loswerden, uns zivilisieren, politisieren, integrieren, responsabilisieren, professionalisieren, informieren, privatisieren, weiterbilden, bei der Bank verschulden, sozialisieren, sonntags ins Freibad gehen, der Gewerkschaft beitreten, bei den Lokalwahlen kandidieren, wählen, protestieren, uns einen Hund anschaffen und ihn morgens und abends Gassi führen.
MIGRANT 7: Täglich acht Stunden arbeiten …
MIGRANT 1: … und danach nach Hause gehen …
MIGRANT 2: … den Kühlschrank öffnen, zusammen mit der Familie essen, die Tagesschau und das Heute-Journal sehen.
MIGRANT 3: Und keiner eurer Stacheldrahtzäune wird uns davon abhalten.
MIGRANT 4: Ganz und gar nicht.
MIGRANT 5: Wir sind zu zig Millionen unterwegs, wir wollen mit euch am Tisch sitzen.

MIGRANT 6: Also, ehrlich, vergesst diesen Stacheldraht, wenn ihr das Esszimmer betretet …
MIGRANT 7: … oder das Wohnzimmer …
MIGRANT 1: … oder das Bad.
MIGRANT 2v Denn wir möchten auch duschen …
MIGRANT 3: … weil wir nicht sauber sind. Und schlecht riechen, und Hühneraugen haben.
MIGRANT 4: Also, ehrlich, umgebt eure Kühlschränke nicht mehr mit Stacheldraht, das ist nicht nett.
MIGRANT 5: Wisst ihr was? Setzt euch mal an unsere Stelle.
MIGRANT 6: Wenn ein Land den Geist aufgibt, ist es aus.
MIGRANT 7: Man muss es sterben lassen, man muss ihm sogar Sterbehilfe leisten.
MIGRANT 1: Deswegen haben wir unsere Länder verlassen.
MIGRANT 2: Denn für die Länder, im Unterschied zu den Menschen, gibt es auch ein zweites Leben nach dem Tod, das ist bekannt.
MIGRANT 3: Allein die Menschen haben keine Zukunft nach dem Tod.
MIGRANT 4: Aber mit den Ländern sieht es ganz anders aus. Sobald ein Land stirbt, wird es zum Verkauf angeboten. Es wird in Scheiben aufgeteilt und versteigert.
MIGRANT 5: Und so könnte es gut sein, dass ihr auch eine Scheibe davon abkriegt.
MIGRANT 6: Minen, landwirtschaftliche Bebauungsflächen, Strände, Wälder, Ölfelder. So sieht es mit den Ländern aus.
Nach dem Tod folgt der Ausverkauf. Doch nach dem Tod des Menschen folgt das Grab. Aber nur, wenn man Glück hat, denn es geht auch ohne.
MIGRANT 7: Daher machen wir uns keine Sorgen um die Zukunft unserer Länder.
MIGRANT 1: Da die Länder über ein zweites Leben nach dem Tod verfügen, haben wir keine Lust, unser Leben für die Zukunft unserer Länder zu opfern.
MIGRANT 2: Wir ziehen es im Falle des Falles vor, zu warten.

MIGRANT 3: Hier, bei euch, auch wenn wir ewig vor euren Stacheldrahtzäunen verharren müssten.
MIGRANT 5: Unsere Eltern kehren schon ewig eure Straßen, putzen eure Toiletten, sorgen für die Müllabfuhr, führen eure Hunde Gassi, passen auf eure Kinder auf.
MIGRANT 6: Also könnten wir auch für den Erhalt eurer Stacheldrahtzäune sorgen, damit sie nicht rosten, und eventuelle Löcher zustopfen, das wäre auch bloß eine Arbeit, wie jeder andere.
MIGRANT 7: Genau, genau, genau. Ihr braucht keine Angst vor uns zu haben. Wir sind bereit, uns die guten Tischmanieren anzueignen.
MIGRANT 1: Wie man schön mit Löffel und Gabel isst, wie man die Serviette benutzt, bevor man einen Schluck Wein zu sich nimmt.
MIGRANT 2: Wir werden auch eure Sprache lernen.
MIGRANT 3: Ein bisschen Englisch können wir sowieso schon fast alle.
MIGRANT 4: We are the future. Yes we can. Don't be afraid. We want to be free.
MIGRANT 5: Und wir werden auch Französisch, Deutsch, Schwedisch, Dänisch, Finnisch, Griechisch, Ungarisch und Rumänisch lernen.
MIGRANT 6: Und wir werden Sri-Lanka-Franzosen sein, Afghanistandeutsche, Pakistanschweden, Syriendänen, Irakholländer, Somalibelgier, Sudanungaren, Iranösterreicher, Eritreagriechen, Algerienrumänen.
MIGRANT 7: Aber unsere Kinder werden Frankreich-Sri-Lanker sein, Deutschafghanen, Schwedenpakistani, Dänemarksyrer, Hollandiraker, Belgiensomali, Ungarnsudaner, Österreichiraner, Griechenlanderitreer, Rumänienalgerier.
MIGRANT 1: Habt keine Angst, dass der Tod unserer Länder zu einer Reduzierung der Kulturvielfalt dieser Welt beitragen könnte.
MIGRANT 2: Alles, was in unseren Ländern gut war, haben wir mitgenommen.

MIGRANT 3: Und wir versprechen euch, dies alles an unsere Kinder weiterzugeben.
MIGRANT 4: Nichts geht verloren, was unsere Traditionen, Religionen, Kulturen betrifft.
MIGRANT 5: Wir versprechen euch, wir werden alles tun, damit die Multikulturalität der Welt erhalten bleibt.
MIGRANT 6: Es ist also klargeworden, das, was wir euch vorschlagen, ist eine Revolution.
MIGRANT 7: Nicht erschrecken, es gab bei euch schon einige Revolutionen.
MIGRANT 1: Diese hier wird aber ein wenig anders sein.
MIGRANT 2: Ihr habt auf eure Weise zum Weltkulturerbe bereits beigetragen.
MIGRANT 2: Kolonialisierung, Entkolonialisierung, Demokratie, Erster Weltkrieg, Zweiter Weltkrieg, Kommunismus, Nazismus, Liberalismus, Ultraliberalismus, Monetarisierung, Hollywoodisierung der Information, Facebookisierung der Kommunikation, Googlisierung des Wissens, Microsoftisierung des menschlichen Wesens.
MIGRANT 4: Nun sind wir an der Reihe, euch eine sanfte Revolution vorzuschlagen.
MIGRANT 5: Eine friedliche.
MIGRANT 6: Eine langsame.
MIGRANT 7: Weil wir uns nicht beeilen.
MIGRANT 1: Sie wird also ein Jahrhundert dauern.
MIGRANT 2: Die Entbarikadisierung der Welt durch Migration, die Entstacheldrahtzaunisierung.
MIGRANT 3: Ihr werdet sehen, dass es möglich ist, letztendlich werdet ihr es verstehen.
MIGRANT 4: Denn eines Tages werdet ihr selbst zu Migranten werden.
MIGRANT 5: Allen Ernstes, es ist an der Zeit, einen neuen Humanismus zu gründen.
MIGRANT 6: Den Migrationshumanismus.

MIGRANT 7: Wir werden euch nie diese aus euren Ideologien stammenden dummen Fragen stellen.
MIGRANT 1: In der Art „Seid ihr für oder gegen uns?“
MIGRANT 2: Denn ihr und wir sitzen im selben Boot.
MIGRANT 3: Und wir müssen alle gemeinsam navigieren, trotz unserer Differenzen, Antipathien, Widersprüche, Probleme.
MIGRANT 4: Und es ist Unsinn, Stacheldrahtzäune auf einem Boot aufzustellen.
MIGRANT 5: So wollen wir uns entstacheldrahtzaunisieren, liebe Freunde!
MIGRANT 6: Stürme werden bei unserer Reise auf uns zukommen.
MIGRANT 7: Aber wir können uns wenigstens sicher sein, dass man auf den Wellen keine Stacheldrahtzäune anbringen kann.

5. ZUSATZSZENE

Der Präsident und drei Experten.

DER PRÄSIDENT: Ich höre Ihnen zu, Georges.
EXPERTE 1: Wir werden höchsten vier, fünf Jahre durchhalten.
DER PRÄSIDENT: Was soll das heißen?
EXPERTE 1: Wir können das jetzige Tempo von vier Millionen Flüchtlingen pro Jahr unmöglich beibehalten.
DER PRÄSIDENT: Wieso nicht?
EXPERTE 1: Weil das unsere Demokratie kaputt machen würde.
DER PRÄSIDENT: Wieso denn?
EXPERTE 1: Weil dadurch die Rechtsextremen alle Wahlen gewinnen würden.
DER PRÄSIDENT: Wieso sind Sie sich da so sicher?
EXPERTE 1: Die Umfragen und die Analysen zeigen es.

Pause.

DER PRÄSIDENT: Ich höre Ihnen zu, Serge.
EXPERTE 2: Wir können sie nicht anhalten, aber das Tempo etwas verlangsamen.
DER PRÄSIDENT: Wie denn?
EXPERTE 2: Wir müssen massiv Bilder mit geschlossen Grenzen verbreiten, mit Stacheldrahtzäunen, mit Angriffen auf Migranten, mit heruntergekommenen Migrantenwohnheimen. Wir müssen massiv Reportagen mit rückkehrwilligen Migranten senden, mit von Europa völlig angewiderten und enttäuschten Migranten.
Wenn wir sofort damit loslegen, werden die ersten positiven Auswirkungen in sechs Monaten eintreten.
Alle Informations-Medien müssen über diese katastrophale Bürokratie berichten. Doch vor allem die Bilder, die die Gewalt gegen Migranten betonen, werden sich abschreckend auswirken. Diese Bilder müssen in einer Endlosschleife laufen: in Brand ge-

steckte Migrantenheime, Graffiti und Parolen gegen Migranten, Antimigrantendemos. Man muss in jeder Nachrichtensendung zeigen, dass Migranten zur Grenze gebracht und abgeführt werden. Hat ein Migrant eine schwere Straftat begangen, muss man den Prozess direkt übertragen, vor allem, wenn es um sexuelle Angriffe oder Vergewaltigung geht. Die Auswirkungen würden sich schnellstens bemerkbar machen. Unseren Forschungen zufolge würde sich der Emigrantenzufluss dadurch in der Mitte des nächsten Jahres um die fünfzig Prozent reduzieren lassen.
DER PRÄSIDENT: Und wie sollen wir das anstellen, Serge? Es herrscht hier Pressefreiheit. Wir können keinem etwas aufzwingen.
EXPERTE 2: Es herrscht Pressefreiheit, aber die Herdenmentalität ist allmächtig. Es reicht, wenn wir bloß den Ton angeben …
DER PRÄSIDENT: Und darf die Politik in einer Demokratie solche Versuche unternehmen?
EXPERTE 2: Wir sind eine erschrockene Demokratie, Herr Präsident.

Pause.

DER PRÄSIDENT: Ich höre Ihnen zu, Michelle.
EXPERTE 3: Wenn Sie mit ihrer jetzigen Politik weitermachen, haben Sie null Chancen, Herr Präsident.
DER PRÄSIDENT: Wieso denn?
EXPERTE 3: Das Scheitern ist vorprogrammiert.
DER PRÄSIDENT: Und wer würde gewinnen?
EXPERTE 3: Der Kandidat der Antiimmigrationspartei.
DER PRÄSIDENT: Der Partei der Erschrockenen?
EXPERTE 3: Genau.
DER PRÄSIDENT: Auch dann, wenn die Wirtschaft sich erholen würde?
EXPERTE 3: Es geht nicht mehr um die Wirtschaft, sondern um die Identität. Wir haben das Argument „Die Migranten als Quelle des neuen Wirtschaftswunders“ bereits getestet. Es erfreut

sich jedoch keiner Akzeptanz, man lehnt es vehement ab. Es bringt auch nichts, wenn wir zu erklären versuchen, die Migranten seien die künftigen Protagonisten einer demokratischen Revolution in ihren Herkunftsländern. In Europa gibt es bereits zwanzigtausend junge Leute aus Immigrantenfamilien, die in den Dschihad-Kampf gezogen sind. Keiner denkt allen Ernstes, dass die Kinder der Neuankömmlinge, sich für die Demokratie in den Ursprungsländern ihrer Eltern einsetzen würden.
DER PRÄSIDENT: Also, wenn ich das richtig verstehe, habe ich nur dann eine reelle Chance, wenn ich auf die Null-Immigrationskarte setze? So dämlich kann man doch gar nicht sein, oder Michelle?
EXPERTE 3: Ja, ihre einzige Chance besteht tatsächlich darin, die illegale Immigration völlig abzulehnen und der legalen einen Riegel für die nächsten fünf Jahre vorzuschieben.
DER PRÄSIDENT: Hört sich ziemlich radikal an, oder?
EXPERTE 3: Radikal, aber es hat eine Chance. Wir haben dies bereits durch eine diskrete Umfrage getestet.
DER PRÄSIDENT: Es könnte also funktionieren?
EXPERTE 3: Die Befragten haben alle angebissen, es könnte in der Tat klappen.

6. ZUSATZSZENE

Am Strand vor dem Sonnenaufgang. Der Fischer und der junge Mann. Beide beleuchten ihren Weg mit Taschenlampen. Der junge Mann steigt ins Fischerboot. Er hat einen großen Stein bei sich, den er dem Fischer zeigt.

DER FISCHER: Ja, aber wir brauchen noch einen.
DER JUNGE MANN: Wir brauchen noch einen was?
DER FISCHER: Noch einen solchen Stein.
DER JUNGE MANN: Ich dachte, einer würde reichen. Er ist sehr schwer. Versuche mal, ihn zu heben …
DER FISCHER: Wir brauchen noch einen für deinen Rucksack.
DER JUNGE MANN: Warum?
DER FISCHER: Darum. Falls du verschwindest, muss auch dein Rucksack verschwinden.

Pause.

Der junge Mann kratzt sich nachdenklich im Nacken.

Aber die Entscheidung liegt natürlich bei dir. Wir sind noch nicht losgefahren, du kannst es dir auch anders überlegen.
DER JUNGE MANN: Ich bleibe dabei.
DER FISCHER: Überlege es dir gut, du bist noch jung, Du hast noch eine Menge Zeit vor dir.
DER JUNGE MANN: Ich will nicht mehr warten.
DER FISCHER: Es wird auch noch andere Gelegenheiten dazu geben. Die Dinge werden sich verändern.
DER JUNGE MANN: Nein, die Dinge werden sich nie verändern.
DER FISCHER: Wie du möchtest. Aber ich empfehle dir, noch etwas zu warten.
DER JUNGE MANN (*bringt einen zweiten riesigen Stein*): Hier, ich bin bereit.

DER FISCHER: Hast du auch den Strick mitgebracht?
DER JUNGE MANN (*nimmt einen Strick aus dem Rucksack*): Ja.

Der Fischer testet, ob der Strick hält.

Es ist ein prima Strick. Ich habe beim Kaufen nicht gegeizt.
DER FISCHER: Okay, mache den Strick am Rucksack fest.
DER JUNGE MANN (*macht den Strick am Rucksack fest*): Erledigt, Chef. Möchtest du es prüfen?
DER FISCHER: Nein, es ist gut so. Setz dich, damit ich deine Beine zusammenbinden kann.
DER JUNGE MANN: Kann ich in dieser Zeit eine rauchen?
DER FISCHER: Natürlich, wir haben es nicht sehr eilig.

Der junge Mann raucht, während der Fischer seine Beine zusammenbindet, wonach er den Stein an den Beinen befestigt.

DER JUNGE MANN: Was hast du für ein Gefühl?
DER FISCHER: Ich habe überhaupt kein Gefühl, dich müsste man das fragen. Für mich ist es ein Morgen wie jeder andere.
DER JUNGE MANN: Danke jedenfalls.
DER FISCHER: Keine Ursache. Du kannst mir danach danken, falls wir keiner Patrouille begegnen. Bist du soweit?

Der junge Mann wirft die Zigarettenkippe weg, danach greift er in die Tasche und gibt dem Fischer mehrere Geldscheine. Dieser versteckt sie unter dem Hemd.

DER JUNGE MANN: Zählst du nicht nach?
DER FISCHER: Ist schon okay. Dafür habe ich später Zeit genug.
DER JUNGE MANN: Hast du die Adresse meiner Mutter?
DER FISCHER: Ja.
DER JUNGE MANN: Und du versprichst mir, schwörst mir, dass du ihr, falls etwas passiert, das Geld zurückschickst?

DER FISCHER: Mein Junge, ich habe noch nie jemanden belogen oder betrogen. Keine Angst.

Der junge Mann wendet dem Fischer den Rücken zu, damit dieser seine Arme auf dem Rücken zusammenbinden kann.

DER JUNGE MANN: Ein bisschen zu fest.
DER FISCHER: Ich kann es auch nicht ändern. Das ist aber nicht das Problem, du wirst es aushalten.

Der junge Mann dreht sich mit dem Gesicht zum Fischer. Dieser nimmt einen Knebel aus der Tasche.

DER JUNGE MANN: Vielleicht geht es auch ohne?
DER FISCHER: Eben nicht, mein Junge.
DER JUNGE MANN: Chef, ich schwöre, dass ich nicht schreie, falls eine Patrouille auftaucht, und du mich ins Wasser werfen musst.
DER FISCHER: Darauf kann ich mich nicht einlassen. Wir ziehen es wie abgemacht durch oder wir lassen es bleiben.
Du kannst es dir aber auch noch anders überlegen.
DER JUNGE MANN: Okay, lass uns dann weitermachen. Aber ich habe noch eine Bitte. Falls es soweit kommt … falls uns eine Patrouille aufspürt … schick Mutter nicht das ganze Geld auf einmal. Schick ihr zuerst nur die Hälfte, und erst nach ein, zwei Monaten den Rest.
DER FISCHER: Wieso?
DER JUNGE MANN: Und unterschreibe für mich, als würde ich dieses Geld schicken.
DER FISCHER: Wieso?
DER JUNGE MANN: Es ist besser so, wenn sie denkt, das Geld käme von mir.
DER FISCHER: Wie du möchtest. Ich habe dir ja gesagt, mein Junge, ich bin ein Mann von Wort. Wenn es nicht klappt, geht

das Geld an deine Familie zurück. Und wenn du möchtest, dass ich es in zwei Raten zurückschicke, dann schicke ich es eben in zwei Raten zurück.

DER JUNGE MANN: Vielleicht sogar in drei Raten, damit man davon ausgeht, alles sei gut gelaufen.

DER FISCHER: Sogar in drei Raten, wenn du es dir so wünscht.

DER JUNGE MANN: Versprichst du das?

DER FISCHER: Ich verspreche es.

DER JUNGE MANN: Gut, dann stehe mir Gott bei.

DER FISCHER: Gott stehe dir bei, mein Junge. (*Knebelt den jungen Mann*) Und nun, mein Junge, werde ich etwas tun, wovon ich dir nichts erzählt habe. Ich werde dir die Augen verbinden. Weil ich ganz einfach deine Augen nicht sehen möchte, falls wir einer Patrouille begegnen, und ich dich ins Meer werfen muss. Das darfst du nicht mitbekommen. Augen sprechen manchmal zu viel. Und ich möchte nicht mitbekommen, wie deine Augen um Mitleid betteln, falls uns eine Patrouille in die Quere kommt. Ich habe es dir schon gesagt, und ich wiederhole es: Diese Leute setzen jetzt eine Null-Migranten-Politik um, und wenn sie uns beide in diesem Boot entdecken, und ich dich aus Mitleid nicht ins Wasser werfe, erschießen sie uns. Daher ziehe ich es vor, deine Augen zu verbinden. Aber ich frage dich noch einmal, zum allerletzten Mal: Bist du dir sicher, dass du dich darauf einlassen möchtest? Ich gebe dir eine
Minute Bedenkzeit. (*Legt dem jungen Mann sanft die Hände auf die Augen, damit dieser sie schließt*) Bleib so, mit geschlossenen Augen. Du hast eine Minute Bedenkzeit. Und falls du die Augen in dieser Minute öffnest, werde ich den Strick lösen, und du kannst wieder zurückgehen. Okay?

Eine alte, schwarz gekleidete Frau (vielleicht die Mutter des jungen Mannes) erscheint, mit einer Sanduhr in der Hand. Eine Minute lang sieht sie auf die laufende Sanduhr.

Okay, mein Junge. Wir ziehen los. In einer Stunde geht die Sonne auf. Das Meer wimmelt von Fischen, mal schauen, was uns heute ins Netz geht. (*Verbindet die Augen des jungen Mannes, lässt den Bootsmotor an.*)

Das Boot entfernt sich, die Motorgeräusche nehmen ab. Heranrollende Wellen, die zunehmend lauter werden. Die alte Frau dreht die Sanduhr um und verschwindet.
Die Zuschauer bleiben eine Weile im Dunkeln, dem Wellengeräusch zuhörend.

* * *

Matéi Visniec

MIGRAAAAANTS!

There's Too Many People on This Damn Boat

Translated by Nick Awde

PalmArtPress
Berlin

CAST

Multi-roles for a minimum of two female performers and three male performers

Smugglers
The Woman
The Man
Elihu
Ali
Fehed
The Presenters of the Closing-Up Show
The President
The Political Correctness Coach
The Undertaker
The Old Woman
The Translator
The Man Who Smiles
Ayoub
The Veiled Singer
The Veiled Dancer
The Madame
The Prostitutes

SCENE 1

The smuggler addresses the audience.

SMUGGLER: Come on everyone, let's get your mobiles out.

Should the audience choose to participate, they will take out their iPhones, iPads and iPods.

Fantastic. Have you got them all charged properly? Everyone? Right, okay, so can I ask you all to put them on top of your heads. No honestly. Careful now. These little guys are your actual lifejackets. They're your guardian angels. They're your compasses, your actual front door keys to Europe. So what you're all going to do is you're going to add a new number to your phone. Put it right up there at the top of the list, above all the others. Right above the numbers of your husbands and wives, your mums and dads, your brothers and sisters, best mates, ordinary mates, neighbours … The number I'm about to give you is going to be tomorrow your most precious possession. Even God's phone number, if he actually has one, won't be of the slightest use to you tomorrow. But this one, oh yes … Okay everyone ready? Tap it in. Zero. Zero. Three. Nine. Zero. Two. Nine. Two. Seven. Nine. Another nine. And one more nine. Got it? Okay then read it back to me. Let me hear you.

The audience read back the number, or otherwise the director prepares a sound clip with hundreds of voices reading out the number.

SMUGGLER: So this number, what is it exactly?
MIGRANT: It's the emergency number for the European coastguard.
SMUGGLER: Well you're not completely stupid are you? You've almost got it right. You see the thing is, Europe doesn't have an

emergency number. This is the emergency number for the island of Lampedusa. Because tomorrow you're going to be in Lampedusa. And me, I'm going to leave you two kilometres from the shore. Got it? And you, you're going to call the coastguard to sail out and tow you back to dry land. And then you'll start your new life. Is all this clear?

ALL THE MIGRANTS: Yes, boss.

SMUGGLER: And that's why you've all got to protect your mobile phones. Now though, you should switch them off to save on battery. Put them in the plastic bags I've given you to keep them dry. Right? And tonight all you need to do is to keep quiet and keep your phone safe. You have to guard it with your life; it's that precious. Even if the Devil himself comes tonight and says, "Go on, what you going to give me? Because you've got to give me something so I'll let you live. So what you going to give me, an eye or your mobile?" – what do you all say? If the Devil comes to tempt you, do you say what? What do you say?

YOUNG MIGRANT: I'll give you an eye.

SMUGGLER: That's good. You're a bright lad. Where do you come from?

YOUNG MIGRANT: I come from Eritrea.

SMUGGLER: What's your name?

YOUNG MIGRANT: My name is Elihu.

SCENE 2

A remote village, somewhere in the Balkans. A van can be heard stopping. The man enters, takes off his cap and coat, washes his hands and sits at the table. The woman gives him something to eat. A while passes as the man snacks in silence.

WOMAN: Everything all right?

Pause. The man pours himself a vodka.

MAN: Yeah.

Pause.

WOMAN: There's people who came before you did.
MAN: When?
WOMAN: Noon.

Pause. The man eats. The woman serves him more food.

MAN: How many were there?
WOMAN: A lot.
MAN: How many?
WOMAN: Lots of them.

Pause.

MAN: Women too?
WOMAN: Yes, some.
MAN: Okay.

Pause.

WOMAN: And there were a few blacks too.

MAN: What do you mean?
WOMAN: Well, that they were black.
MAN: Black from Africa?
WOMAN: Yes.
MAN: Oh.

Pause.

WOMAN: Do you think that's normal?
MAN: Huh, what do I know?

Pause.

WOMAN: I've never actually seen a black before.

Pause.

What I mean is, not here. I mean I've seen them on TV. But not here, where we are. What about you, have you seen any before?
MAN: No. Not many.
WOMAN: Is that a no or a not many?
MAN: What?
WOMAN: Nothing.

Pause.

WOMAN: So where do you think they're going?
MAN: The border.
WOMAN: Where the Serbs are?
MAN: Yes.
WOMAN: Brilliant.

Pause.

I wonder …

Pause.

I wonder …
MAN: What?
WOMAN: Why God created the blacks.

Pause.

MAN: I suppose … well he knows what he's doing.
WOMAN: Sure, but what do you actually think?
MAN: What do I think?
WOMAN: What do you think about why God thought of creating the blacks in the first place?
MAN: I suppose … because … it's normal. There's day, isn't there, and there's night. Summer, right, but there's also winter. And we all laugh and cry. That's diversity, isn't it?
WOMAN: You can be so dumb, Igor.
MAN: Well if you can't ask someone a straight question.
WOMAN: Straight question to who?
MAN: God.
WOMAN: All I was asking was whether he did that for a reason.

SCENE 3
Three scantily-clad presenters at the stand for "cutting-edge anti-immigration technology".

PRESENTER 1: Ladies and gentlemen! Welcome to the Cutting-Edge Anti-Immigration Technology stand.
PRESENTER 2: Today we have the pleasure of presenting the heartbeat detector.
PRESENTER 3: The heartbeat detector is without doubt a thousand times more effective than the human heat detector. Because the human heat detector often confuses human heat with animal heat or even with the heat given off by the effects of fermentation in certain products.
PRESENTER 1: While the heartbeat detector is calibrated uniquely according to human biological frequencies and registers without fail an illegal presence within a radius of ten metres.
PRESENTER 2: The heartbeat detector is ultralight, easy to handle, rechargeable and foldaway. As for its design, we'll leave you to be the judge of that. Its golf club curves allow it to feel natural in your grip the instant you take it into your hands, and you can't help but notice its aristocratic feel thanks to the materials used: ceramics, stainless steel, mahogany.
PRESENTER 3: In terms of performance, all that's needed to convince you is to take our device and make a complete scan of your vehicle with it. Three minutes is all that's needed to give you complete peace of mind that you have no stowaways on board. Any intruders, wherever they may be – in your cellar, attic, garage, garden or even in your house – will be revealed in a matter of seconds.
PRESENTER 2: But do take care not to point the sensors in your direction, because then it'll be your own heartbeats that will show up on the read-out. So remember to use it correctly or you'll end up beating yourself up.
ALL THREE: Ha, ha.

PRESENTER 1: So remember not to call the police or coastguard if you've pointed the detector in the wrong direction and you've detected yourself instead.
ALL THREE: Ha, ha.
PRESENTER 1: The heartbeat detector comes with an extremely powerful memory and a sensitivity you'll only find in earthquake seismographs.
PRESENTER 2: Here's an example: there's five immigrants somewhere inside your truck. You'll be so pleased to see five graphic images on the screen taken from the electrical activity of each of their hearts.
PRESENTER 3: Now, if you have ten or even twenty stowaways somewhere inside, the detector will give a truly seismic avalanche reading, and the inbuilt computer will indicate, with a minimal margin of error, the precise number corresponding to the quantity of hearts detected.
PRESENTER 1: Let's give it a try, shall we?

Presenter 1 points the detector at the public. A sound like a flood of heart beats is heard.

Well there you go, the read-out indicates that there are precisely eighty-two people watching our demonstration. And now, if we may, we'll count you by hand.
ALL THREE : One, two, three. Bingo!
PRESENTER 1: There really are eighty-two of you in the hall. Thank you, thank you so much for your interest in our new product.
PRESENTER 2: You can also use it in audio mode, and for this it comes with a set of headphones.
PRESENTER 3: To demonstrate to you how this unit really performs, we're going to hand out to everyone a set of headphones linked to this unique detector which we've already tested under the strictest of conditions.

First sound demonstration.

PRESENTER 1: Now that's the actual sound of the heartbeats of an entire family of Afghans, twelve people in all, hauled out of a heavy goods vehicle in Calais.

Second sound demonstration.

PRESENTER 2: Now these are the heartbeats of a group of sixty Pakistani, Sri Lankan and Somali illegals who arrived at the Hungarian border on exactly the same day that the authorities in Budapest decided to put up barbed wire fences to bar any new access to their territory. Just sit back and appreciate the sensitivity of the detection. You might even think it's a bouquet of anguished or even bloodied screams.

Third sound demonstration.

PRESENTER 3: Here it's more subtle. You'd never guess what this is … Here you're listening to the heartbeats of a four-year-old child at the very moment her father is passing her through a hole he'd discovered in the barbed wire separating the Macedonian border with Serbia. Note the immense precision of the signal: it's like a ball bearing bouncing on a floor, don't you think?

Fourth sound demonstration.

PRESENTER 1: Now these are the heartbeats of a Malian who has just been told that he is going to be expelled after being detained for six months in Sarajevo. It's truly astonishing, isn't it? Just like a war drum.

Fifth sound demonstration.

PRESENTER 2: Here we what can only be described as a tsunami, as I'm sure you'll agree. And indeed, these are the hearts of a hundred Syrians and Iraqis whose boat has just touched on dry land on the Island of Lesvos. It really is like fireworks, isn't it?

Sixth sound demonstration.

PRESENTER 3: Ah, this is far less spectacular. What you're hearing in this one are the heartbeats of an Eritrean in the process of drowning at Calais, ten metres from the docks, after trying to swim out to board a ferry. Sadly we were unable to do anything more for him. The tide was too high, but we were lucky enough to record these final heartbeats. Just by listening to them you can spot that he didn't know how to swim.

ALL THREE: To turn to the price of our product, let us assure you that it is completely affordable and, additionally, you can pay in two or three instalments, interest free!

The sound of tom-toms.

SCENE 4

The smuggler addresses the audience.

SMUGGLER: Right listen to me, my brothers. Tomorrow you're going to step on European soil. You're going to see what you've always dreamed of. But in the meantime, we all have to keep quiet and stay still. There's a hundred of us on this boat, and tonight we're going to have to act like there's only one of us. No one is to even stand up. Everyone understood?

Pause.

Yes or no?
ALL THE MIGRANTS: Yes!

The smuggler takes a melon and slices it in two with a swing of his machete.

SMUGGLER: Anyone panics, anyone makes a noise, anyone stands up, I'll split his skull open just like that. Everyone understood?
ALL THE MIGRANTS: Yes.
SMUGGLER: Because if any one of you panics, we'll roll over and capsize. Because if you find yourselves making any unnecessary movements, you risk tipping the boat over at any moment, fuck it. Then all we're good for is feeding the fish. So this night, tonight, for once in your lives, don't budge an inch. It won't be long. We've just fifteen hours to do; the sea is calm and the forecast's good. So for fifteen hours, you're to do nothing. You have the right to pray, but I don't want to hear the slightest sound. You have the right to vomit, and that's why you'll use the second plastic bag I've given you. Come on, everyone show me your vomit bag.

All the migrants show their sick bags.

SMUGGLER: All those who've never been to sea before raise their hands!

The smuggler counts the hands raised.

SMUGGLER: Good. Have any of you ever actually learned how to swim?

The smuggler waits for a response.

SMUGGLER: Those who don't know how to swim, raise their hands!

The smuggler counts the hands raised.

SMUGGLER: Okay, not bad. Well you're going to learn how to swim tomorrow. To be honest, you should have thought about this sort of thing earlier, but never mind. You're not the first to learn to swim the same day where swimming will save your life. I'll admit that sounds dumb, but there you go. You've been lounging around all these months on the beach at Tripoli waiting to sail to Europe, and you never actually got round to learning how to swim? Ah well, never mind. Does everyone have a lifejacket?
ALL THE MIGRANTS: Yes.
SMUGGLER: Okay, has every one of you burnt your identity cards, passports and other documents?

Pause.

All those who have not yet done that, rip them up now and chuck them in the water. Do I make myself clear?

Little pieces of paper rain down on the stage and the audience.

There you go, now you're all equals. You don't have identities any more. You're all war refugees. You're all victims of war fleeing the fighting. That's what you're all going to say when they ask you for your identity. Is that clear? You don't say that you're in the shit in your country and that your kids are dying of hunger. Because that's no proper reason to ask for political asylum, and if you say that they're going to send you back home pronto. In other words, back into the shit. You say it's because of the war that you've come to Europe. All understood?
ALL THE MIGRANTS: Yes, boss.
SMUGGLER: Good, good. We're setting off now. I'll give you one last chance to have a piss and a dump. After that, you're going to have to hold it in. It's going to be a long night and I don't want you mucking up my boat. You can see it's brand-new and I've no desire to spend my time clearing up all your piss and shit on the way back. So concentrate everyone, you're going to be lucky with me. I've never lost a single person. I'm not like the other smugglers. I believe in God, plus I've got four children of my own to feed. I'm doing this to help my brothers and sisters in distress. I'm doing this because the world is fucked up and I want to help offer a future to those people who're born in the most fucked-up part of the this fucked-up world. So, are we all on track with this?
ALL THE MIGRANTS: Yes, boss!
SMUGGLER: So now everyone shuts it. The only things talking around here are going to be the wind and the sea. And pray that we'll have a calm sea tonight. It might help.

SCENE 5
The man with briefcase, Elihu.

MAN WITH BRIEFCASE: Name?
ELIHU: Elihu.
MAN WITH BRIEFCASE: Take a seat there, Elihu. Sit down. How old are you?
ELIHU: Eighteen.
MAN WITH BRIEFCASE: Do you believe in God, Elihu?
ELIHU: Yes.
MAN WITH BRIEFCASE: That's good. You're a good boy. Are you thirsty?
ELIHU: Yes.
MAN WITH BRIEFCASE: Would you like a Coca-Cola?
ELIHU: Yes.
MAN WITH BRIEFCASE: Okay. Here you are. Have you got a mobile, Elihu?
ELIHU: Yes.
MAN WITH BRIEFCASE: Give us the number then. Come on.
ELIHU: Yes.
MAN WITH BRIEFCASE: Come on, Elihu, I don't have time.
ELIHU: Yes.
MAN WITH BRIEFCASE: There's a long line of people waiting to see me.
ELIHU: I know it.
MAN WITH BRIEFCASE: Well there you go. My time's all already accounted for.
ELIHU: Yes.
MAN WITH BRIEFCASE: Do you know how to count, Elihu?
ELIHU: Yes.
MAN WITH BRIEFCASE: Okay, then tell me Elihu, why did God give people two legs?
ELIHU: I don't know.

MAN WITH BRIEFCASE: He could have created us with just one leg, one arm, an eye and an ear, couldn't he?
ELIHU: I think so. Yes.
MAN WITH BRIEFCASE: But in his all-knowing goodness, God said: "No, I'm going to give Elihu two legs, two arms, two eyes, two ears, two lungs and two kidneys. So there's always a back-up." Does that make sense?
ELIHU: Yes.
MAN WITH BRIEFCASE: God wanted to give us a chance.
ELIHU: Yes.
MAN WITH BRIEFCASE: Have you ever seen anyone with just one leg?
ELIHU: Yes.
MAN WITH BRIEFCASE: Have you ever seen anyone with just one eye?
ELIHU: I don't know. Yes.
MAN WITH BRIEFCASE: Have you ever seen anyone with just one kidney?
ELIHU: I don't know.
MAN WITH BRIEFCASE: You don't know because you can't see it. But it's exactly the same as having one leg. You can live your life perfectly well with one leg or just one kidney. That's the way God intended it to be for us. For the heart, he said: "No, it won't be possible to give them two of them." For the liver, he said: "No, two isn't going to work either." But when he came to the kidneys, he said: "I'm going to give two to Elihu so he can have capital." Do you know what capital is?
ELIHU: No.
MAN WITH BRIEFCASE: It's lots of money. And those who have capital can make a start in their lives. They can succeed. And you, Elihu, you want to succeed, don't you?
ELIHU: Yes.
MAN WITH BRIEFCASE: Where do you want to go?
ELIHU: England.

MAN WITH BRIEFCASE: But you don't know how to swim, Elihu.
ELIHU: No.
MAN WITH BRIEFCASE: And you know what happens to blacks like us who don't know how to swim when they're crossing the sea?
ELIHU: No.
MAN WITH BRIEFCASE: We sink, Elihu. That's what happens to us when we don't know how to swim and when we don't have any capital. Do you understand what I'm saying?
ELIHU: No.
MAN WITH BRIEFCASE: Let me start again for you. Look at this picture, Elihu. Do you know which city this is?
ELIHU: No.
MAN WITH BRIEFCASE: This is Birmingham. It's in England.
ELIHU: Ah!
MAN WITH BRIEFCASE: Take a look at it. What can you see right there?
ELIHU: It's… it's a chemist's?
MAN WITH BRIEFCASE: No. It's a public toilet.
ELIHU: Ah.
MAN WITH BRIEFCASE: Do you know what a public toilet is?
ELIHU: Yes.
MAN WITH BRIEFCASE: It's a place that's clean where civilised people go to take a piss. Have another look. See?
ELIHU: Yes
MAN WITH BRIEFCASE: And see this lady here, do you know she's doing?
ELIHU: I don't know.
MAN WITH BRIEFCASE: She's collecting money, Elihu. Here in this public toilet people actually pay to take a piss. And this old woman here, she's very old and she's just about to retire. In a month's time. And it's you who could take her place, Elihu. And to get right there to Birmingham, you could even fly in a plane.

And guess what, to fly in that plane you don't need to know how to swim at all. So you see, instead of disappearing off with your brothers to Macedonia, Serbia and who knows where, I could put you on a plane. If you want. Is that what you want?
ELIHU: Yes.
MAN WITH BRIEFCASE: And you'll be able to pay me back everything once you get over there. Because you're rich, Elihu. You have capital.
ELIHU: What capital?
MAN WITH BRIEFCASE: Capital, the huge sum of what God has given you.
ELIHU: What sum?
MAN WITH BRIEFCASE: I'm talking about your kidneys, Elihu. You've got two of them, don't you? Well, the second one is your capital. Now do you understand?
ELIHU: Yes.
MAN WITH BRIEFCASE: Still thirsty?
ELIHU: Yes.
MAN WITH BRIEFCASE: Here, have a Coke.

African music.

SCENE 6

The politician, the coach.
Politician is rehearsing a speech in front of the coach.

THE POLITICIAN: We cannot take on every misery in the world for the very fact that it is out of the question to suggest that we have ever stated that we are able to take in the whole world. Our nation simply cannot accept any more immigrants. We need to set up a perimeter of intransigence in Europe. We need to systematically separate the war refugees from the economic refugees, and to send the latter back to their country of origin. We have drawn up a list of secure countries, and we shall resort to every means available in order to repatriate those illegal immigrants who have no right to qualify for refugee status. We are on the point of entering negotiations with our Turkish ally so that the sorting should be done on their territory, starting shortly. We also need to establish the best means of countering the powerful criminal organisations that lie behind this trafficking of human beings. We should point out that those who control the mafia networks are based in Istanbul, Tripoli, Beirut … The heads of these mafia networks are our enemies in precisely the same way the Daesh jihadists are. So this is what I have to say to you, in a speech that is based on the facts and the urgency of the situation. No politically correct speech is going to help us to a position where we can act now. In fact it's time for us to call a spade a spade.

The politician takes sip of water and awaits the reaction of the coach, who has been taking notes.

Well?
COACH: Okay. So, President Sir … so … well, to call a spade a spade like you've just said … you don't have to get rid of your old and trusted politically correct side just so you can be politically incorrect.
THE POLITICIAN: What exactly do you mean?

COACH: I mean that you're taking a huge risk on at least four or five points.
THE POLITICIAN: Which ones?
COACH: I'm not sure if you noticed, but the media doesn't really use the term "immigrant" any more. Nor "illegal".
THE POLITICIAN: So what are they using instead?
COACH: They're using "migrant".
THE POLITICIAN: And whyever so?
COACH: So as not to stigmatise them.
THE POLITICIAN: So as not to stigmatise who?
COACH Well you know, so as not to stigmatise the immigrants and the illegals.
THE POLITICIAN: I'm not sure I get you.
COACH: Think about it. We're in the middle of the process of real globalisation. And it's globalisation that we've always wanted, isn't it? You've wanted it, your majority's wanted it, our country's wanted it. So it follows that in a globalised world we've all become migrants and not migrants. At the same time. You follow?
THE POLITICIAN: No.
COACH: To be consistent with your economic vision, you need to forget the words "immigrant" and "illegal". An immigrant is someone who comes from elsewhere, crosses a border and settles in a territory where he has to respect the local customs, rules and laws. In essence, he leaves a place he calls his home and moves himself to another place that isn't his home. Right?
THE POLITICIAN: Right.
COACH: While a migrant is in his home everywhere, all over the planet. In a globalised world, people migrate, people are migrants, we move, we have the right to go where we want and when we want. So suddenly a migrant isn't under the obligation any more to respect just any old thing, because he considers himself a global citizen. And that's what globalisation means. We have globalised the economy, we've released the circulation of ideas, capital, goods and services, so why don't we also recognise

the right of people to move freely?

THE POLITICIAN: Well, because …

COACH: I'm only pointing out the contradiction. It's up to you what you do with it.

THE POLITICIAN: Well exactly.

COACH: Okay, so to avoid any risk, I'd advise the use of the word migrant.

THE POLITICIAN: Because it's politically correct.

COACH: Because it's politically correct. And so here are what I'm suggesting might better replace your first four statements. Are you taking notes?

THE POLITICIAN: Yes.

COACH: "We cannot take on every misery in the world." In its place we should have "We remain sensitive to all the world's misery."

THE POLITICIAN: Right.

COACH: The phrase "out of the question", I would replace it with a simple "yes".

THE POLITICIAN: Right.

COACH: "We have never said that we are able to take in the whole world." In its place let's have "We will always keep our doors open—but within the capabilities of what we can do."

THE POLITICIAN: Bit vague.

COACH: Yes but no one's going to be able to argue with it.

THE POLITICIAN: Right.

COACH: "Our nation simply cannot accept any more immigrants." Here let's have "We shall always accept migrants—but under controlled conditions."

THE POLITICIAN: Shit.

COACH: What?

THE POLITICIAN: You're seriously pushing it.

COACH: Well thank you, President Sir.

THE POLITICIAN: You should have gone into politics.

COACH: But that's exactly what I'm doing, President Sir.

THE POLITICIAN: Right.

SCENE 7

Three girls dressed like car show hostesses are playing with skipping ropes.

GIRL 1: Hello!
GIRL 2: Make yourself welcome here at the very first edition—
ALL THREE: —of the Closing-Up Trade Show!

It is only now that we realise that the girls' skipping ropes suspiciously resemble barbed wire.

GIRL 1: We have on offer a wide range of anti-migrant barbed wire—both affordable and reliable.
GIRL 2: And as you've probably all noticed, the period of angelic opening of the borders has now departed.
GIRL 3: So today the time has come to put the fences and walls back up everywhere.
GIRL 1: I mean, just look at the horror of the Greece and Macedonia border.

Projection of two lines of barbed wire fences. The zone between them is patrolled by military vehicles.

GIRL 2: Is this Europe?

Projection of monstrous walls along the Serbia and Hungary border.

GIRL 3: Are these our values?
GIRL 1: Is this truly the image we want to send out to the rest of the world?
ALL THREE: Shame on our leaders! And shame on us all!
GIRL 2: Is this our creativity?
GIRL 1: Where's our taste for insolence gone?
GIRL 3: Oh but never mind—

GIRL 1: Because our firm Velvet Glove—
GIRL 2: —has a new product for you, one that's totally revolutionary.
ALL THREE: Barbed wire with a human face!

Projection.

GIRL 1: Designer barbed wire!
GIRL 2: Barbed wire with a smile!
GIRL 1: And with its comforting green colour, this barbed wire also carries a powerful ecological message.
GIRL 3: Once it's installed, it looks just like a green wall.

The girls throw away their skipping ropes and climb on to the barbed wire installation machine. The director may get them to recreate a range of provocative gestures from the sort of hostesses who appear at car shows.

GIRL 1: And just look at the machinery that comes with it. This barbed wire installation machine is the fastest in the world.
GIRL 2: Just look at how this prototype is undeniably "de trop". It's just like a huge hippopotamus.
GIRL 3: Speed of barbed displacement-installation-adjustment: twenty-two kilometres an hour.
GIRL 1: The hippopotamus leaves behind it a quadruple barbed wire fence four metres high, practically unscalable, while also imbued with a beauty that is truly breathtaking.
GIRL 2: Aesthetically, it is everything you can imagine and more. More cheerful, more friendly, more appealing. Viewed from a distance, you'd think it was a lace-work made of vegetation, a hedge of trees or shrubs neatly trimmed and well maintained. You need to get right up close till you can almost touch it before you can tell it's really something made from barbed wire.
GIRL 3: We ask you to admire the artistic aspect of this work.

A fence like this has nothing harmful about it, nothing threatening, nothing ideological. It can be considered as a work of environmental art, a sort of open-air installation worthy of a great artist like Christian Boltanski or Anish Kapoor. There is also an element of monumental art that lies in the act of installing a fence like this. It embellishes the landscape, becomes integrated with the natural environment. And, if we add a few wind turbines, it simply becomes perfection.
GIRL 1: You might even be tempted to invite all your friends round to have a picnic under a hedge like this where the hue discreetly changes every kilometre.
GIRL 2: Absinthe green turns to emerald which becomes apple green then pistachio and even pine.

The girls arrange themselves to create the scene from Edouard Manet's painting "Le Déjeuner sur l'herbe'.

GIRL 3: So come on everyone, why not join us for a picnic on the grass?

SCENE 8

The smuggler and his henchmen, Ali and Fehed.
The henchmen are in the process of counting the audience members.

SMUGGLER: Well?
HENCHMAN 1: A hundred and thirteen.
HENCHMAN 2: A hundred and fourteen.
SMUGGLER: Nah, not possible. Go and count them again.

The henchmen, armed with machetes, count the audience again. They walk up the aisles, not wanting to miss a single person.

SMUGGLER: Well?
HENCHMAN 1: Still a hundred and thirteen.
HENCHMAN 2: Still a hundred and fourteen.
SMUGGLER: Did you count me too?
HENCHMAN 2: Yes.
SMUGGLER: Well you don't need to count me.
HENCHMAN 2: Okay, then it's a hundred and thirteen.

The smuggler steps forwards and plants himself in a position that dominates the audience.

SMUGGLER: Okay, so everyone understands. We've got illegals amongst us.

Pause. The smuggler plays absently with his machete.

SMUGGLER: Now listen to me carefully. I'm only doing my job. I haven't got anything against anyone. I don't hate anyone. I believe in God. But I don't like it when someone fucks me about.

Pause. The smuggler walks around the audience.

Am I making myself clear?

Silence.

SMUGGLER: Fehed.
HENCHMAN 1: Yes?
SMUGGLER: Do you think I'm making myself clear?
HENCHMAN 1: Yes, boss.
SMUGGLER: Ali.
HENCHMAN 2: Yes?
SMUGGLER: Do you think they understand what I'm saying, all of them?
HENCHMAN 2: Yes, boss.
SMUGGLER: Okay then. There are thirteen individuals amongst us who should not be here. Do you understand me? Thirteen amongst you who've snuck in without paying. Am I making myself clear?

Silence.

SMUGGLER: And why aren't they answering? Fehed? Ali?
HENCHMAN 1: They're scared, boss.
HENCHMAN 2: They've realised they've made a terrible mistake, boss.
SMUGGLER: Tell them that everyone who's paid needn't be scared.

Ali repeats the order in Arabic and Fehed in another language, e.g. Tigrinya from Eritrea.

SMUGGLER (*to Ali*): You told them?
HENCHMAN 1: Yes, boss.
SMUGGLER (*to Fehed*): You told them?
HENCHMAN 2: Yes, boss.

SMUGGLER: Those who've paid, raise their hand!

The smuggler scrutinises the hall.

SMUGGLER: Count 'em, Ali. Count 'em, Fehed. How many of them have raised their hands?

Henchman 1 and henchman 2 count the audience again.

HENCHMAN 1 A hundred and thirteen.
HENCHMAN 2: A hundred and thirteen.

The smuggler takes a melon and slices it in two with a single swing on his machete.

SMUGGLER: This really isn't very good, is it? This isn't normal. Listen to me carefully, we're all at risk of sinking. Do you get that? There simply shouldn't be more than a hundred people on this boat. Do you get it, you cretins? There's too many of us on this damn boat and we're all going to die because of thirteen fucking cretins who have slipped illegally amongst us. Fehed, Ali, tell them they're all going to drown.

Henchman 1 repeats this in Arabic, Henchman 2 in Tigrinya.

SMUGGLER: Well then?
HENCHMAN 1: Well then nothing, boss. I just don't get it.
HENCHMAN 2: They're all so scared they're praying.
SMUGGLER: Praying.
HENCHMAN 1: Yes, boss.
HENCHMAN 2: All those who've snuck on here need to step forward.
HENCHMAN 1: Do it now!

Pause. No one makes a move. Henchman 1 repeats the order in Arabic and henchman 2 in Tigrinya.

SMUGGLER: Listen up everyone, praying isn't going to get you anywhere. God can do all sorts of things except make an engine run. And we can't keep on moving like this, because if you want the honest truth, we're not moving and the engine's about to get us all drowned. And God isn't a mechanic, is he? No, God isn't a mechanic and nor is he a can of fuel. And we are going to run out of fuel much earlier than planned because we are too heavy. So, thirteen of you are going to have to get out of this boat. It's not because you can't pay. Even if you wanted to pay now, it's too late. At this moment your money's worth nothing. Even if your pockets are stuffed with it and you're offering to pay ten times for the trip, I can't take it. We're too heavy, it's as simple as that. So anyone who hasn't paid, they're going to have to inflate their lifejackets right now and jump overboard.

Pause. Ali and Fehed take thirteen lifejackets and pass them around the audience.

SMUGGLER: Fehed, tell these bastards who've come on-board without telling us that they've committed a grievous sin. For which God isn't going to pardon them. On this boat there's families, children, people who've worked their whole lives to come to Europe. It's not fair, is it, to put lives of people like that in danger. As long as I've been doing this job, I've not lost a single adult, a single child. I'm not like the other smugglers. I'm someone who keeps his word. And I warned everyone right from the start: illegals belong in the sea. Tell them, Fehed.

Henchman 1 says something, but much shorter, in Arabic or another language difficult to identify.

SMUGGLER: Fehed, do you happen to know who needs to be given a lifejacket?
HENCHMAN 1: I think so, boss.
SMUGGLER: Good, then go and give them their jackets.

Suddenly the terrible crying of thirteen men and women can be heard. Fehed passes through the audience and hands out lifejackets to some of them.

HENCHMAN 1: For fuck's sake, stop crying will you?
HENCHMAN 2: Stop it; it won't get you anywhere. You're just going to piss him off even more. Just stop crying will you?
HENCHMAN 1: You should have done your crying before you got on.
HENCHMAN 2: Get your lifejacket and put it on like this—no, not like that, put your head in first. There you go, my brother, you've got it.
SMUGGLER: I'm truly really sorry, my friends, I really am. With those lifejackets you'll be able to hold out for up to twenty-four hours. So you're going to have loads of time to pray. Come on, are you going to jump, or do I have to throw you overboard?

SCENE 9

A newly dug cemetery on a Greek island.
The old woman, undertaker and translator.
The old woman wanders amongst the graves trying to read the inscriptions on the gravestones.

THE UNDERTAKER: What's she looking for exactly?
THE TRANSLATOR: She's looking for her son, her daughter-in-law and their two kids.

The old woman asks the translator something in Arabic.

THE TRANSLATOR: She's asking if it was you who buried all these people.
THE UNDERTAKER: Yes.
THE TRANSLATOR: And they all drowned?
THE UNDERTAKER: Yes.
THE TRANSLATOR: And you didn't see a family of four?
THE UNDERTAKER: Look, it's … the sea does whatever it wants to. Maybe they died all together, the same day or the same night, but you can be sure the sea spat them out completely one by one.

The translator and the old woman talk in Arabic.

THE UNDERTAKER: That's the way the sea is. First it swallows them up. Some bodies sink to the bottom of the sea like they were heavier than the others. No one knows why. Must be some sort of mysterious chemical thing, but who knows? Or maybe it's something to do with the laws of physics. To be honest, I haven't a clue. All I know is that occasionally some bodies float back up to the surface after a month or even two months. I won't tell you what state we find them in. But you don't have to tell her all that.
THE TRANSLATOR: I won't.
THE UNDERTAKER: When a body's been in the sea for days

and days, it turns as slippery as soap. And when you try to pick it up, the skin comes off in strips. It's not a pretty sight. And all that lands at my door. I'm the only undertaker on the island.

The translator and the old woman talk in Arabic.

THE TRANSLATOR: She wants to know if you know how to bury Muslims.
THE UNDERTAKER: Not really. When I bury them I have no idea if they're Muslim or Christian. In any case, they never have identity papers on them. What was her son's name?

The translator asks the old woman.

THE TRANSLATOR: He was called Mehdi.
THE UNDERTAKER: Doesn't ring a bell. I'm really sorry. If I could help her I would. Where does the old lady come from?
THE TRANSLATOR: From Turkey, but she's Syrian.
THE UNDERTAKER: If only you knew how much it breaks my heart whenever I have to do this sort of thing. As soon as my mobile rings I just know that they've found another body on a beach somewhere. So I get into my old van and drive on over. At the beginning we buried the people who drowned in our own cemetery … but then we had to build this one. And some day we're not going to have any more places where we can bury the strangers. Our island's so small.

The old woman says something to the translator.

THE TRANSLATOR: She's asking if you know that the graves have to point towards Mecca.
THE UNDERTAKER: You know, my real problem is the plastic sheets. I never have enough for all the dead bodies, and I'm always having to reuse the sheets. The European Union isn't doing

anything for the dead really. The living, well they stay here for a couple of days, and then they leave for Athens, Austria, Germany, places like that. But for us on the island, all we do is stay with the dead. If you ask me, I think you've got to share some of the burden. Every country should take a quota of the drowned people. It can't be right, can it, that half of all the people who've drowned in the Mediterranean are buried here. But don't tell her that. It's a pity I can't help her much. You know, I think there, under the earth, the dead are repositioning themselves according to their religions. Heads towards Mecca, heads to Jerusalem or Saint Peter's. I reckon they're busy doing it for themselves. How old were they, her grandkids?

The translator and the old woman converse in Arabic.

THE TRANSLATOR: The boy was four, the girl eight.
THE UNDERTAKER: Dear me, that's tough. I've got dozens of kids buried here. There was one time when we had thirteen kids dead in a single day. They all had their lifejackets on, but they were fake ones, cobbled together by unscrupulous smugglers. I can show you the fake jackets if you like; I've got a huge pile of them, but they're all the same. Fake. But let me show you this instead.

The undertaker opens the doors of a wooden hut where hundreds of children's toys lie on rows of shelves.

THE UNDERTAKER: She might recognise something. The toys often get washed up on the beaches before the bodies. Ah look, here's my collection of dolls and cuddly toys.

As if hypnotised, the old woman, goes to the shelves of toys.

THE UNDERTAKER: She can take her time looking.

The translator takes out a packet of cigarettes, offers one to the undertaker. They start smoking.

THE TRANSLATOR: Nice weather today. Almost no wind.
THE UNDERTAKER: You don't see that very often on the island. On days like these I've got no worries. The crossings tend to go okay. It's when the sea gets choppy that it starts to be a problem. The smugglers start to cut corners in bad weather, and that's when you get the most dead people.

Pause.

THE TRANSLATOR: Those letters and numbers on the gravestones, what do they mean?
THE UNDERTAKER: Oh that, they're the DNA codes for each person who's drowned. Since none of them have any ID on them, they take a sample of their DNA and put it on their graves. That way, if any of their families come one day looking for them, there's a chance of tracing them. You can tell her that.

The old woman comes back towards them holding a cuddly toy close to her chest.

SCENE 10

The man with briefcase, Elihu.

MAN WITH BRIEFCASE: Everything okay, Elihu?
ELIHU: Okay.
MAN WITH BRIEFCASE: So you like Europe?
ELIHU: I suppose, yes.
MAN WITH BRIEFCASE: They told me you were scared on the plane. Was that right?
ELIHU: Yes.
MAN WITH BRIEFCASE: But you're a big boy though, aren't you? Why did you start crying on the plane?
ELIHU: Oh I don't know
MAN WITH BRIEFCASE: You almost ruined everything, my boy.
ELIHU: I'm very sorry, boss.
MAN WITH BRIEFCASE: So, do you speak some English?
ELIHU: Yes.
MAN WITH BRIEFCASE: How do you say "I've had some luck"?
ELIHU: "I've had some luck".
MAN WITH BRIEFCASE: Well done! See? You speak English now.
ELIHU: Yes.
MAN WITH BRIEFCASE: And how do you say "I am happy"?
ELIHU: "I am happy".
MAN WITH BRIEFCASE: Just look at that, I'm proud of you Elihu. Except you're not actually very happy, are you?
ELIHU: I don't know.
MAN WITH BRIEFCASE: Of course you're not. Because you miss your family. Have you sent them any money yet.
ELIHU: Yes.
MAN WITH BRIEFCASE: How much?
ELIHU: Three hundred pounds.
MAN WITH BRIEFCASE: Three hundred pounds? Three hundred? Is that all you've managed to save in the past six months?

ELIHU: Well I … Yes.
MAN WITH BRIEFCASE: It's not much is it, Elihu? In fact it's not much at all. You've never going to bring anyone over at this rate are you? Not your sister, not your brothers, not even your mum. Even if you worked night and day, Elihu, you're never going to be able to pay for their tickets. Well, I mean their risk-free tickets. This isn't a country that's ever going to be Paradise for insignificant blacks like you. You work your arse off but they pay you peanuts. Have you been making friends, Elihu?
ELIHU: Yes.
MAN WITH BRIEFCASE: From the mosque?
ELIHU: Yes.
MAN WITH BRIEFCASE: Good, then pay attention, my boy. Here it's your own kind that you have to beware of. So it would be best if you get your brothers and sisters here. Your brothers, your sisters, and your mother. Together you'll be able to help each other. You're going to succeed. And you can do it, Elihu. You can have your nearest and dearest right here in a matter of months. It just depends on you.
ELIHU: How do I do that?
MAN WITH BRIEFCASE: Are you asking me to tell you how?
ELIHU: Yes, boss.
MAN WITH BRIEFCASE: Well it's God who's still going to help you, isn't he? God and no one else. Because God is great and in his goodness he's already helped you once before. And if you're a smart lad, he's going to help you again. But do you really want him to help you again?
ELIHU: Yes.
MAN WITH BRIEFCASE: Are you absolutely sure, Elihu?
ELIHU: Yes, Yes.
MAN WITH BRIEFCASE: And you want me to tell you how to do it?
ELIHU: Yes, boss.
MAN WITH BRIEFCASE: Lift your arms up, Elihu, and tell me

how many arms you have.
ELIHU: Two.
MAN WITH BRIEFCASE: Move your legs, Elihu … no, jump; jump like you're playing basketball. How many legs do you have?
ELIHU: Two.
MAN WITH BRIEFCASE: There you go. God's given you two arms, two legs, two eyes and two ears.
ELIHU: So I could have one spare.
MAN WITH BRIEFCASE: Yes, so you could have one spare … and have capital … because on this earth, everything's bought and everything's to be paid for. I have no idea why God wanted it to be this way, but there you go. We can't do anything about it. God wanted this earth to be the way it is, that's all, and there's nothing we can do about it. But luckily there is one thing we do have.
ELIHU: Capital.
MAN WITH BRIEFCASE: Close your left eye, Elihu. Can you still see me?
ELIHU: Yes.
MAN WITH BRIEFCASE: Keep your left eye closed and try to dial my number on your mobile. I'll read it out to you: 00. 49. 677. 889. 8765.

His telephone rings.

Brilliant. There you go, Elihu, can you see how people can live perfectly well with just one eye?
ELIHU: Yes.
MAN WITH BRIEFCASE: And so?
ELIHU: I don't know.
MAN WITH BRIEFCASE: Just think Elihu. Think of your brothers and your sisters. Think of your mother too. In each of your eyes, right there at the surface, there's a little layer of gelatine that's transparent and soft. Now that's called a cornea.

And that's worth 20,000 dollars apiece. Do you see that? Do you understand? That's the way God wanted us to be … rich. It was God who said: "I'm going to give Elihu two corneas so that he can have capital."
ELIHU: Yes.
MAN WITH BRIEFCASE: "So that he can bring his three brothers and two sisters over as well as his mother." Can you hear God's voice, my boy? He's speaking to you.
ELIHU: Yes.
MAN WITH BRIEFCASE: Eh, what're you doing you little bastard? What're you snivelling for?
ELIHU: I like to cry … with my own two eyes.
MAN WITH BRIEFCASE: Go on, Elihu, cry. Here, want a Coke?

Western music.

SCENE 11

A remote village in the Balkans.

The noise of a truck stopping. The man enters, takes off his cap and donkey jacket, washes his hands, sits at the table. The woman gives him his meal.

WOMAN: Everything okay?

Pause.

WOMAN: Well?
MAN: Well what?
WOMAN: Did you see them?
MAN: Yes.
WOMAN: No sign of stopping.
MAN: Yeah well…
WOMAN: What are people going to do?
MAN: No idea.
WOMAN: You always have no idea.

Pause. The man pours a drink.

MAN: I just do my job. What do you want me to say?
WOMAN: I think the Serbs have closed off their side of the border.
MAN: So?
WOMAN: So is that good?
MAN: No idea.
WOMAN: No idea, but now it's all going to come down on us.
MAN: What is?

Pause. A knock at the door.

WOMAN: See?
MAN: What?

WOMAN: It's already started.
MAN: Just go and open it.
WOMAN: Personally I don't think it would be a good idea to open it.
MAN: Look, if it happens to be our door then we really should be opening it, shouldn't we?
WOMAN: I don't know whether it's such a good idea to open it. If you're asking me, if it's our door we don't have to actually open it, do we?

Pause.

MAN: There's no need to get scared, we're right here in our own home. So go and open the bloody door!

The woman goes to open the door. The migrant is on the doorstep.

MIGRANT: Hello!
WOMAN (*to the man*): See? Didn't I tell you?
MAN: Tell me what?
WOMAN: What do we do with him now?
MAN: No idea. But he's just said hello to you, the least you can do is say hello back.
WOMAN: He didn't say hello to me. I've no idea what he's said to me.
MAN: He said hello. To you. Whatever he said, it meant hello. So say hello back.
WOMAN: Hello.

The migrant smiles. He shows his mobile to the woman and the man.

MIGRANT: Please…
WOMAN: Oh what does he want now? Does he want us to invite him in to eat?

MAN: How would I know? Ask him what he wants.
WOMAN: You want what? You want water?
MIGRANT (*he shows his mobile again*): Please.
WOMAN: Are you hungry? Do you want something to eat?
MIGRANT: Please.
WOMAN (*to the man*): He doesn't know what he wants. See? Now what do we do?
MAN: Get him a chair.

The woman pushes a chair to the side of the door.

WOMAN: Here, sit.

The migrant looks pleadingly as he takes out a charger and shows it to the woman and the man.

MIGRANT: Please.

The man gets up, takes the mobile from the migrant, unplugs a lamp and plugs the charger in its place.

WOMAN: That's what he wanted?
MAN: I reckon so.
WOMAN: But ...
MAN (*to the migrant*): Sit down.
MIGRANT: Thank you. Thank you.
WOMAN: Good. And now what?
MAN: Well now we wait.
WOMAN: Are you sure that's all he wants?
MAN: No idea. But why not at least get him a glass of warm milk?

SCENE 12

The smuggler, Ali, Fehed, migrants.

SMUGGLER: Ali!
ALI: Yes?
SMUGGLER: Tell those bastards moving around in the hold to stop it.
ALI: Yes, boss, but …
SMUGGLER: I don't want to hear them crying!
ALI: Sure, but that won't stop us sinking.
SMUGGLER: We're sinking because they're making such a racket.
ALI (*to the people shut up in the hold*): Oi, you lot, any chance of stopping all that?! (*To the smuggler*) They're scared shitless, boss. They've got the water right up to their knees.
SMUGGLER: Then tell them it's their fault that the water's rising in the hold, because they're moving about so much.
ALI: Boss, they're totally terrified down there. They're saying they're going to drown like rats.

Pause. The smuggler thinks.

FEHED: We're too heavy boss. We'll never get there.

Pause. The smuggler thinks.

ALI: There's simply too many of us, boss, we've got to do something.

Pause. The smuggler thinks.

FEHED: if you ask me, we've got to get rid of some people.

Pause.

ALI: Three or four at least.
FEHED: Five even.

Pause.

ALI: Tell us what we've got to do, boss.
FEHED: And anyway, the people in the hold haven't paid much in any case.
ALI: We can take four out, give them life-belts and throw them in the water.
SMUGGLER: Who's in the hold?
ALI: Christians. From Sudan.
SMUGGLER: Hm, take two Christians, and two Muslims.
ALI & FEHED: Eh?
SMUGGLER: Like you said, get rid of four people for me. But it's got to be half and half.
ALI: What half and half?
SMUGGLER: Two Christians and two Muslims.
ALI: We can't do that, boss!
FEHED: You're joking, boss.
SMUGGLER: No I'm not, and get it done right now.
ALI: No, boss, I can't abandon my own people.
SMUGGLER: I think you will, Ali.
FEHED: It's not right, boss. There 83 of us and there's only 17 of them.
SMUGGLER: So?
FEHED: So … Where's the democracy in all this?
ALI: Yeah right. There's more of us. It's us who'll lay down the law.
SMUGGLER: Ali, do you have any idea where we're going with this boat?
ALI: Yes.
SMUGGLER: Well?
ALI: Italy. That's where the boat's going.

SMUGGLER: And in your opinion, Italy's what sort of country exactly?

ALI: Well it's Europe, isn't it?

SMUGGLER: No it's not, you shit for brains. It's the sort of country where Christians live. It's the sort of place where you're going to seek political asylum. Those are the people who are going to give you food and drink, and they're going to be ones who're going to look after you and give you a roof over your heads. Do you understand, Ali? Fehed, do you?

ALI: No.

FEHED: No.

SMUGGLER: It's there, isn't it, where you're going to live.

ALI: Yeah, so?

SMUGGLER: Well it's just that they're not going to be particularly happy, are they, the Christians if you turn up and tell them "Oh really sorry, we were a bit heavy so we had to tip four Christians overboard."

ALI: Yeah, but that is the truth, isn't it?

FEHED: In any case, they're the ones who invented democracy. They'll just have to accept the consequences.

SMUGGLER: They could just pay, but I need to say it again, it's not going to make the Christians who're going to welcome you tonight any happier. That's why it's best to split it fifty-fifty. Because everyone's in the shit, Muslims and Christians, both sides should make the sacrifice. This way, no one can say anything, can they?

ALI: Boss, no one will know.

FEHED: Maybe we can get the 17 to balance out and everything'll settle itself out?

ALI: It's our right, boss. We're the most here, and it's democratic.

FEHED: Plus in any case, no one's seen nothing.

SMUGGLER: No, Fehed, no. The sea always spits its secrets out. Sooner or later, the sea tells everything it's seen.

SCENE 13

The veiled singer.

THE VEILED SINGER: Hi. I'm Anahita. I'm a singer, and I've come here onstage in front of you because I want to sing a song. But first of all I'd like to take this opportunity to explain to you why I'm wearing a bourka. The reason is because I'm toxic. The shape of my body has a high risk of disturbing the social peace. And that's why I hide it all. My breasts shouldn't be seen sticking out in any way. My arms can't be bare. No one should see my hair, my neck or my ankles. All of that, you see, holds a high risk of disturbing the looks of men. And men, as we all know, are sensitive creatures, ever so fragile … The mere sight of an uncovered forearm has the potential to create the most terrible damage inside a man's head. It risks troubling him for days after, possibly even his whole life. A pair of ankles daring to reveal themselves above low-cut sandals can trigger a complete tempest. Assaulted, blinded, intoxicated by such an image, that man risks losing his composure, his interior equilibrium, his ability to concentrate. Imagine tens of thousands of feminine ankles, insolent and irresponsible, bursting out in public. It risks provoking a real social earthquake. Ankles are the cursed source of erotic fantasies. Just like neck and hair, over-prominent breasts and buttocks that protrude in an overly visible manner from under an overly clinging bourka. That can't be good, can it? It can't be good, because life in public would become hell. Men's heads would be filled with fantasies that awake desires that are impossible to satisfy. And inevitably the whole process provokes a frustration so deep that it poisons family and work life, social harmony and, finally, civic peace. In order not to cause such internal and external disasters, and in order not to discover that one day I have become the cause for the extinction of civilisation and the actual physical end of history. And really that's the reason why in my country, we women no longer have the right to sing in public. Men, of course, can.

Their voices aren't harmful, toxic or dangerous. But women's voices are like their breasts, their necks, their hair, their navels and their smiles, enveloping, provocative and malign. So I don't have the right to sing in public. But … I will sing you a song. It's a song about the misery—touching, emotional, sexual—which such a huge part of humanity lives in. It'll only last a minute.

She takes out an hourglass and holds it in her hand. She stays silent for a minute with her mouth closed, looking straight into the eyes of the audience.
The sand flows through the hourglass for exactly one minute. When all the sand has flowed through, the singer bows to the audience with a flourish as if she has just given a concert.

Thank you!

SCENE 14
Children smuggler 1, Children smuggler 2.

CHILDREN SMUGGLER 1: The fact that you're there and that you're listening means that what we're going to say must be of interest to you.
CHILDREN SMUGGLER 2: We love every one of our children. Of all that we have been given, it's the children that are the most precious for us.
CHILDREN SMUGGLER 1: And we're completely prepared to do whatever we can so that they can have a bright future and live a normal life, safely and in the love of God.
CHILDREN SMUGGLER 2: We know that every one of you is ready to do all you can to leave with them for Europe, so they can live in Europe, so they can go to school in Europe and get a job in Europe.
CHILDREN SMUGGLER 1: But it isn't exactly necessary that you have to go with them to Europe so they can live there.
CHILDREN SMUGGLER 2: It's so much more simple and safer to send them on by themselves. And yes of course, I can absolutely assure you that it's completely the best solution for your children.

The smugglers put on the track "Negarane Mani" by the Iranian King of Pop Morteza Pashaei.

CHILDREN SMUGGLER 1: Can you understand the words?
CHILDREN SMUGGLER 1 & CHILDREN SMUGGLER 2 (*singing in unison*): "It's not too late. / No one but you can write your destiny."

The two smugglers attempt a sort of karaoke.

CHILDREN SMUGGLER 1: Now listen up, because you need

to know that we are exactly like you, parents who are believers.

CHILDREN SMUGGLER 2: And we do all this in the name of God, because God has shown us the way, so that we can do this work for you and your children, so that they can write their destiny.

CHILDREN SMUGGLER 1: Because it's never too late.

CHILDREN SMUGGLER 2: So that the identity of our people shall never perish.

CHILDREN SMUGGLER 1: We have already passed thousands of children to Europe from Afghanistan, from Syria, from Iraq, from Libya, from Somalia.

CHILDREN SMUGGLER 2: And we have never lost a single child on the way.

CHILDREN SMUGGLER 1: And this I swear by the love of God and the soul of my mother.

CHILDREN SMUGGLER 2: We are not bandits.

CHILDREN SMUGGLER 1: We are not thieves.

CHILDREN SMUGGLER 2: We are not pimps.

CHILDREN SMUGGLER 1: We are not unbelievers.

CHILDREN SMUGGLER 2: We are a humanitarian organisation which saves children in distress. And your children, as you well know, they are in distress.

CHILDREN SMUGGLER 1: With you they have no future.

CHILDREN SMUGGLER 2: At any time armed men can burst into your schools and snatch away your boys to turn them into their soldiers.

CHILDREN SMUGGLER 1: Would you want your boys to become child soldiers, forced to fight in the name of jihad?

CHILDREN SMUGGLER 2: No that's not what you want.

CHILDREN SMUGGLER 1: And you don't want that to happen to your daughters either. You don't want them to be carried off by Boko Haram or some other madmen in the name of God, always people without morals, who put them into forced marriages with mindless martyrs who will leave them widowed by the time they reach eighteen.

CHILDREN SMUGGLER 2: Know that Europe is actually ready and waiting to welcome your children with open arms.
CHILDREN SMUGGLER 1: And see what is written in such precise words here with respect for the human rights of your children, the rights that lie at the heart of Europe's values and aspirations.

They hand out the leaflets around the hall.

CHILDREN SMUGGLER 2: It's the law. It's going to protect your children in Europe; and the laws are so good, your children will absolutely be well fed, cared for and sent to school.
CHILDREN SMUGGLER 1: Just look at these photos.

Projection of photos representing homes for children in Germany and in Sweden.

CHILDREN SMUGGLER 2: It's in houses like this they'll be welcomed.
CHILDREN SMUGGLER 1: With prayer rooms right next door.
CHILDREN SMUGGLER 2: With playgrounds too.
CHILDREN SMUGGLER 1: And they're going to eat halal too, and that's also what the law says there.
CHILDREN SMUGGLER 2: As soon as they are settled, the people there will make arrangements to bring over the rest of the family over.
CHILDREN SMUGGLER 1: This is also according to the law.

The smugglers put Morteza Pashaei's song on again.

SCENE 15

The man who smiles, Ayoub. Somewhere in Sinai.

MAN WHO SMILES: Ayoub. Ayoub.
AYOUB: Yes!?
MAN WHO SMILES: Wake up. I hope you slept enough. Come on, it's time to call your mother. Do you remember the number?
AYOUB: Yes.
MAN WHO SMILES: Okay dial the number, but you don't speak. You wait until I tell you what you must say. Understand?
AYOUB: Yes.
MAN WHO SMILES: Ayoub, my boy, are you sure you understand?
AYOUB: Yes.
MAN WHO SMILES: And you're not going to do anything stupid?
AYOUB: No.
MAN WHO SMILES: Here, have a drink of water.
AYOUB: Thanks, boss.
MAN WHO SMILES: Do you smoke?.
AYOUB: No. But I think I'd like to start smoking now.
MAN WHO SMILES: Good. Here's a packet of cigarettes.
AYOUB: Thanks, thanks a lot, boss.
MAN WHO SMILES: So all sorted?
AYOUB: Yes.
MAN WHO SMILES: Right let's go, dial the number.

Ayoub dials the number.

MAN WHO SMILES: Well is it ringing?
AYOUB: Yes.
MAN WHO SMILES: As soon as she answers, you say: Hello it's me Ayoub I'm calling you from Sinai.
AYOUB: Hello it's me Ayoub I'm calling you from Sinai.
MAN WHO SMILES: I'm staying with friends there's nothing to get worried about.

AYOUB: I'm staying with friends there's nothing to get worried about.
MAN WHO SMILES: They're friends who saved my life.
AYOUB: They're friends who saved my life.
MAN WHO SMILES: But I owe them money mum.
AYOUB: But I owe them money mum.
MAN WHO SMILES: I owe them $5000 mum.
AYOUB: (*tears on his cheeks*): I owe them $5000 a month.
MAN WHO SMILES: And I promised them mum that I would get the money within two months.
AYOUB: And I promised them … (*He starts to sob*) And I promised them …
MAN WHO SMILES: Concentrate Ayoub. And I promised them mum that I would get the money within two months.
AYOUB: Concentrate Ayoub. And I promised them mum …

The man who smiles reaches over to the mobile and cuts off the conversation.

MAN WHO SMILES: Ayoub, what are you doing?
AYOUB: Nothing.
MAN WHO SMILES: You're not concentrating, are you, and you're acting stupid.
AYOUB: I'm really sorry, boss.
MAN WHO SMILES: You know that whenever you act stupid like this it always turns out nasty.
AYOUB: Yes boss, I know.
MAN WHO SMILES: But you're not going to start all over again are you?
AYOUB: No never.
MAN WHO SMILES: Here have a smoke.

Ayoub smokes, the man who smiles wipes his tears away from his cheeks.

MAN WHO SMILES: You know that I really love you.
AYOUB: Yes.
MAN WHO SMILES: So this time you're really going to concentrate aren't you?
AYOUB: Yes.
MAN WHO SMILES: Go on, dial the number.

Ayoub dials the number.

MAN WHO SMILES: Is it ringing?
AYOUB: Yes.
MAN WHO SMILES: So you say it like this. I'm fine mum, I'm well and they're feeding me, but I'm waiting for you to send me the money mum.
AYOUB: I'm fine mum, I'm well and they're feeding me, but I'm waiting for you to send me the money mum.

The man who smiles opens a door. We hear the terrible cries of a man being tortured.

MAN WHO SMILES (*whispering in Ayoub's ear*): No that's not me screaming like that.
AYOUB: No, that's not me screaming like that.
MAN WHO SMILES: Me, I'm just fine.
AYOUB: Me, I'm just fine.
MAN WHO SMILES: But I'm waiting for the money mum.
AYOUB: But I'm waiting for the money mum.

The man who smiles cuts off the connection on the mobile.

MAN WHO SMILES: Great. Now off you go. Here, you can finish the cigarette.

SCENE 16
Children smuggler 1, children smuggler 2.

CHILDREN SMUGGLER 1: Now we need to talk about practical things.
CHILDREN SMUGGLER 2: We'd like to propose you a little bus trip.
CHILDREN SMUGGLER 1: We'll take your children and transfer them without any danger to Europe. Our route is safe and trouble-free, and we won't be crossing through any war zone. Look at the map. First we'll be going through Iran. We'll take a route through the cities of Tabriz and then Maku, where we'll split up into small groups. Then straight on to Turkey. We arrive in Istanbul, and then we'll make the crossing in little Zodiacs to the island of Lesbos which is already Europe.
CHILDREN SMUGGLER 2: Perhaps you don't know what a Zodiac is? It's a boat that's safe, a little inflatable one with a motor, which never breaks down. We'll transport your children in batches of forty, and land them on a beach. Of course we'll give them lifejackets because that's the law in the Europe – everyone who gets into a boat is legally oblige to wear a lifejacket. But we can assure you that there isn't the remotest risk of your children getting the slightest bit wet.
CHILDREN SMUGGLER 1: Don't believe any of the propaganda coming from Europe where they're publishing photos every day with drowned children in them. That's just to scare you, to convince you not to do anything, to force you to stay stuck at home, hands in your pockets instead of actually doing something.
CHILDREN SMUGGLER 2: Why not look at this way: Europe needs children because the people there are all old and can't procreate any more. The white men's testicles have all shrivelled up and their semen's no good. But that's another story.
CHILDREN SMUGGLER 1: Now let's talk price. For the complete

package, it's 3,500 or 4,000 euros; it depends on the region where you live. We pick up your child from where you live, in your village, and we take care of everything. Once we've arrived in Europe, our people on the ground will keep you informed of everything that goes on. You will never lose contact with your children, that I swear to you. And remember that Europe never sends a minor back to his own country; it is you who runs the risk of being sent back if you are with them.

CHILDREN SMUGGLER 2: Now if you can't pay the full amount, no problem, we can come to another arrangement. At 12, 13, 14 years old a child can work. We will find them a job in our textile workshops in Turkey. It's no problem if they work for six months, eight hours a day. They will be fed, given lodgings, protected. And with the money they earn, they will be able to pay for their crossing later. And the great thing is that they will be seeking asylum in Germany or Sweden. Do you know how many minors arrived last year in Sweden? Over thirty-six thousand. Once they're there, they'll learn the language, and in a few years they'll have a profession, and they're going to be thinking of you too.

CHILDREN SMUGGLER 1: So there we are. Go on, have a good think about it. In your countries, your children's future is already doomed. Your countries have become cages where your children can never fly. Let them fly away. And have no fear that Europe will make them lose their belief in God. No, thanks be to God, Europe respects religion; there are mosques on every corner, and Muslim feast days are included in the official calendars in every country there.

Scene 17

The president, the coach.

COACH: "We have to install an intransigence perimeter in Europe." Hm … That's a bit strong.
PRESIDENT: Exactly what level of strong?
COACH: It's more at sentence structure. You could say it with all the impact of a sledgehammer, or you could say the same thing with a touch of emotion. You might say it, for example, this way: "We shall never abandon our humanist convictions, and this is the moment to defend them with even greater intransigence."
PRESIDENT: Erm… but isn't that just a little bit "au contraire" to what I actually want to say?
COACH: A little, yes. But very little. At any rate, President Sir, the important thing is to play the emotional strings a little. The global media is first of all emotional. You can stir things up a little by resorting to the word "humanism"; it can't hurt.
PRESIDENT: But isn't that sort of thing a little, well, antique?
COACH: I suppose so … a little, yes. But now's precisely the right moment to dig a word like that up. Especially since it softens the blow of the following sentence, which I think we should keep as it is, and allow me to congratulate you for that.
PRESIDENT: So I can say, "We have to systematically separate the war refugees from the economic refugees, and return them to their countries of origin"?
COACH: Yes, juridically speaking the phrase is correct, and since the measure will be impossible to put into practice, it is also politically correct.
PRESIDENT: Georges.
COACH: Yes, President Sir?
PRESIDENT: This wouldn't be a little bit cynical what we're doing here?
COACH: Oh no, President Sir. We're doing what we can. At any rate, we have no idea what's going to happen to us. No one knows.

We're in the process of experiencing a tsunami which is about to totally transform Europe. That much we know. But as for what comes afterwards, we don't know a single thing, strictly speaking.
PRESIDENT: "We have drawn up a list of secure countries, and we shall resort to every means available to repatriate those illegal immigrants who have no right to qualify for refugee status." Do I keep that one?
COACH: No, it's not serious. It opens up too wide an area and ruins your economy with words. We absolutely need to avoid all expressions of the type "everything must be done", "we will try everything", "we will mobilise all means possible". Those are precisely the sort of phrases that voters don't absorb, because they all say instead "hang on, that guy's still taking me for an idiot". What I'm proposing here is more of a moment of poetic exaltation.
PRESIDENT: We've just played their emotional strings, and now you want us to play on their poetic strings.
COACH: Exactly, because in fact we're in the precise same ballpark. If you're going to bring up an unenforceable measure, then you'd better wrap it up in a lyrical cloud. Like, for example: "We have to ensure that our welfare, our expertise, the peace that we defend above all else; and, let us not forget, our wealth should, all of it, be spread among our neighbours, wherever we reach out our hand. I know this sounds like some piece of magic, but truly I believe in the magic of our collective will."
PRESIDENT: Georges.
COACH: Yes, President Sir?
PRESIDENT: I hope you're not taking the piss out of me.
COACH: Not at all, President Sir. And that gives you the chance to then seamlessly move on to: "We are on the point of entering negotiations with our Turkish ally so that the sorting should be done on their territory, starting shortly."
PRESIDENT: Ah, thank you Georges. So you like that one.
COACH: Oh yes, it's brief and to the point. The art of counterpoint in writing a speech, sir, is the main objective; the rest is just hot air.

SCENE 18

The house of Igor and the woman, somewhere in the Balkans. The interior has changed somewhat: There are more chairs, and we can also see several multi-socket extension leads where mobiles are plugged in for charging. There may also be two or three migrants dozing on chairs as they wait for their mobiles to charge.
We hear the sound of a truck stopping outside. The man enters, a pick-axe in his hand.

WOMAN: Igor?

The man says nothing. He lays the pick-axe on the table, takes off his cap and donkey jacket. He goes to the cupboard, opens it, takes out a bottle, pours himself a drink and drinks. He takes a chair and sits down, staring into space.

WOMAN: Igor?

The man gets up, takes a piece of black chalk from his pocket and draws a few lines on the wall not far from the doorway.

WOMAN: Igor? Is everything all right?

The man looks at the woman without saying a word. He takes the pick-axe and swings it into the wall. It seems he's excavating a second door right next to the second. None of the dozing migrants react.

WOMAN: Igor.

The man continues to demolish the wall.

WOMAN: Igor!

The man does not respond; he continues to demolish the wall.

The woman takes a towel, goes to her husband, and tenderly wipes the sweat from his face with it.

WOMAN (*tenderly*): Igor.
MAN: Yes?
WOMAN: Why are you back so early?

No response

WOMAN: Are you listening, Igor?
MAN: Yes.
WOMAN: What are you doing?
MAN: You can see, can't you?
WOMAN: No, I can't see anything.
MAN: I'm making a door.
WOMAN: But we already have one.
MAN: It's not enough.

The man takes another swing at the wall.

WOMAN: Igor.
MAN: Yes?
WOMAN: The houses around here, they're all built like that.
MAN: Well then they're not built properly are they?.

The man goes back to his hole in the wall.

WOMAN: Igor.
MAN: Yes?
WOMAN: One door is more than enough for us.
MAN: No it's not.
WOMAN: And why's that?
MAN: Well, because …

The man continues his work with intense concentration.

WOMAN: Igor.
MAN: Yes?
WOMAN: There'd be problems with the heating.
MAN: We can sort that out.
WOMAN: With two doors, we'd have huge problems with the heating. We'd end up spending so much more, you'll see.
MAN: Okay, so we'll have to spend a little bit more money. That's a good enough reason to carry on killing myself at work.

The man continues to hack at the wall.

WOMAN: Also, it's not very pretty, is it?
MAN: I grant you, it's not pretty now, but it will be. It'll be a great big pretty door. Bigger and prettier than the other.
WOMAN: You're crazy, Igor.
MAN: I'm not crazy. I want us to be able to circulate properly in the house.
WOMAN: A house is for shelter, though. You do your circulating inside it not through it.
MAN: Right, right. Now let me get some work done here.

The man continues to hack at the wall.

WOMAN: Igor.
MAN: Yes?
WOMAN: It'll also create draughts, you'll see.
MAN: So what?
WOMAN: You've always had problems with draughts.
MAN: No.
WOMAN: Oh yes.
MAN: Well at any rate, you're going find you can breathe better, you'll see. There'll also be a bit more light. It'll be far more healthy.

The woman gets a chair and pushes it towards her husband.

WOMAN: Igor.
MAN: Yes?
WOMAN: Sit down.

The man obeys.

WOMAN: Tell me. What's the matter?
MAN: Nothing.
WOMAN: Igor.
MAN: What?
WOMAN: Tell me what's the matter?
MAN: I've been transferred.
WOMAN: You've been transferred?
MAN: Yes, I've been transferred.
WOMAN: Where?
MAN: To another site. On the border. They've told me I have to transport rolls of barbed wire. Tons of them.
WOMAN: Why?
MAN: Because they're installing a barbed wire fence. All along the border they're going to lay out two rows of barbed wire fences. There's enough work there for two months. There's dozens of truck cranes to transport. The barbed wire rolls are incredibly heavy. And delicate. So we have to deliver them to the exact spot where they have to be unrolled. It's impressive. And dangerous. Especially for those who have to unroll them. They have protective metal gloves. But that's not enough. There's this guy who got badly hurt. A piece of barbed wire went right through the side of his face. No idea how he did it. We collect the barbed wire from the station at Radokza. It all comes from Hungary. It's like the Hungarians are giving us presents. Several hundred tonnes of it. So there you are. It's been three days since I started working up there, at the border. If you like I'll take you for a little tour. So much to see. The barbed

wire fences are really wide, and very high. Near on impossible to cut, except with a chain saw. They're that good.

Pause. The woman brings a bottle and two glasses. The man pours them each a drink.

WOMAN: We're not as young as we used to be, Igor.
MAN: No.

Pause.

MAN: I …

Pause.

WOMAN: Yes?
MAN: I wonder. Is what I do a job like anyone else's?
WOMAN: Hm …
MAN: Well what do you think? Is it a job like anyone else's?
WOMAN: I don't know.
MAN: Me neither, Maritchka, I don't know either.

The man finishes his drink and then goes back to demolishing the wall.

SCENE 19
The veiled dancer.

VEILED DANCER: Hello. My name's Anahita. I'm a dancer and I've come here onstage in front of you because I want to dance for you. I am a dancer despite the fact that in my country I do not have the right to dance in public. I understand perfectly well why I don't have the right to dance in public. Body language is a troubling phenomenon. When a woman starts to move her hips, her arms, her belly ... there's suddenly a negative energy that permeates the universe. A woman whose body undulates to the rhythm of music becomes a sensual bomb that explodes in the minds of men. Of course, you all know how men are fragile, sensitive, delicate even. It's quite clear that they'd much rather confront the experience of every type of explosion on the battlefield rather than the experience of beauty. That experience of beauty, of poetry, of femininity, like I've said, is extremely dangerous. It provokes a sort of domino effect where men's heads get filled with a sort of dark fog where they lose the ability to reason, poisoned emotion spreads through the air, exploding at every cardinal points, the equilibrium of the galactic bodies is lost, the entire universe returns to the square one, which means the state of chaos, a shapeless, undefined magma. And that's exactly what happens when women begin to dance in public, in the theatre or on a TV screen. For men, it's not a problem, they can dance in front of the whole world day and night, twenty-four seven, dressed how they want and with whatever music they want. Never in the memory of living beings have men dancing disturbed the order of things, the balance of nature, the succession of seasons, the rhythm of flowering or the pollination of plants. And yet the diabolic movements of women, the cursed fire that animates their dances, that, yes, provokes mass pervasive damage to civilisation. So today, because I suffocate if I don't dance, because I can neither live without dance nor abandon my country, I'm going to dance in front of you. I shall dance for you for one minute.

She remains motionless for a minute, hourglass in hand.
She then bows to the audience.

Thank you.

SCENE 20

Images of a shantytown - the Calais Jungle. Tents and improvised huts where the immigrants have organised a bakery, a hairdresser's, a cafe, a chemist's. One of the huts serves as a brothel.

It's here that the prostitutes have organised a "fee-based tenderness fair". People there are dressed in an erotic but "decent" style—women, men, transvestites, etc.

Amongst the is the central figure of the madame, leader of the revolt. The scene develops with the addition of music, projections, etc.

THE MADAME: Europe's a massive brothel, and you know it!
ALL: Yesss!
THE MADAME: Europe isn't capable of respecting the equal rights of man. You know that too!
ALL: Yesss!
THE MADAME: Which is why we're calling for a revolution in the fee-based tenderness sector.
PROSTITUTE 1: Sex for all, except for the pimps!
THE MADAME: We believe a world without pimps is possible!
ALL THE PROSTITUTES: Sex workers of whatever sex unite!
THE MADAME: A world that's fair for all sexually is possible! All we have to do is believe it, all we have to do is want it, all we'd have to do is mobilise ourselves for the sexual progress of humanity. And so to get there we're creating a sexual big-bang!

Here the director invents the "big-bang" dance.

THE MADAME: But, first of all, we have to get rid of hypocrisy. Sex, that's life. The right to egalitarian sexual relations must be guaranteed by the state.
PROSTITUTE 1: We have to nationalise the management of fee-based sexual services.

THE MADAME: But in order to be politically correct, because the state must always be politically correct, from now on we're going to rename the ass-for-sale sector the "fee-based tenderness" sector.
PROSTITUTE 2: Getting people out of their sexual misery is a matter of urgency–
PROSTITUTE 3: –so everyone can create a happy sexual globalisation.
THE MADAME: Power to the sexually active people!
PROSTITUTE 1: It's logical.
PROSTITUTE 2: It's essential.
PROSTITUTE 3: Any nation, any state, any organisation can be led only by people who are sexually satisfied.
THE TRANSVESTITE: It's the least we can ask for; it's basic common sense: this is the only way that humanity's problems will find a chance of finding the start of the commencement of a solution.
THE MADAME: See how you've created the presence of a million single young men in robust sexual health. You've invited them over to Europe without even a thought for their sexual needs.
PROSTITUTE 1: Man is not only a workhorse designed to turn a string of economic miracles into reality.
PROSTITUTE 2: Man is also drowned in fantasies and impulses, drowned in illusions and contradictions.
PROSTITUTE 3: Truly, dear Europe, to invite a million penises and two million testicles to your countries without offering them any way of expressing themselves, it's quite impenetrable.
THE MADAME: Honestly.
PROSTITUTE 1: Truly.
PROSTITUTE 2: Honestly and truly.
PROSTITUTE 3: Honestly and truly, honestly.
THE TRANSVESTITE: It might look, dear Europe, as if you haven't been thinking with your head.

THE MADAME: To invite a million males in search of tenderness, without organising even the most minimal service providing sexual refreshment, it's hardly sensitive.
PROSTITUTE 1: Irresponsible.
THE MADAME: And that's why today we've invited to the Fee-based Tenderness Fair all the social workers, artists, politicians, trades-unionists, bankers, sociologists, sexologists …
PROSTITUTE 1: Here in the Calais Jungle.
THE TRANSVESTITE: So that you can have a bit of serious reflection.
THE MADAME: So that the world can stop thinking with its arse.

SCENE 21

A conveyor belt starts to roll by, carrying shoes, dozens and dozens of them, in matched and mismatched pairs. There's the idea of exodus in this image of shoes, most of it chaotic.

A smuggler appears on the belt, sporting a t-shirt with the image of Angela Merkel on it. He may pass amongst the audience with a pile of t-shirts that he offers around for sale.

Other smugglers appear with other lines of merchandise that exploit Angela Merkel's popularity. They offer for sale mugs bearing the image of Angela Merkel, caps bearing the image of Angela Merkel, plastic bags and other gadgets bearing the image of the person who opened her arms to a million refugees.

As they pass amongst the audience with their products, the smugglers also offer the following snippets of advice.

SMUGGLER 1: Now, dear friends, the time has come for you to get a little wet. You can already see the Greek coast; it's right there in front of you. So I'll say farewell and good luck.

SMUGGLER 2: Some final bits of advice just before you scrape into to Europe.

SMUGGLER 3: When you get to two or three hundred metres from the coast, detach the motor and let it sink. That way you'll be sure that no one can send you back on the same boat to Turkey.

SMUGGLER 1: Shout "Allahu Akbar!" at the top of your voices. That will alert the coastguard, and they'll know there's a new arrival.

SMUGGLER 2: Jump into the water and swim to the coast, it's better if you are rescued directly from the sea.

SMUGGLER 3: They'll take you to a hotspot to register your fingerprints and your names. You can tell them whatever you like, because there won't be anyone there who can check it. In any case, the important thing is to say that you want to seek asylum.

SMUGGLER 1: "Sono rifugiato." "Je suis réfugié."

SMUGGLER 2: "I am a refugee." That's all you have to say.

SMUGGLER 1: If you're Pakistani, you'll have to pretend to be Afghan, otherwise they'll puts you straight on the blacklist.
SMUGGLER 2: And if you're Algerian or Moroccan, you need to convince them that you're Syrian or Iraqi.
SMUGGLER 1: Take particular note: if you're a Kurd from Turkey, then you have to say you're Syrian, otherwise they'll send you straight back to your beloved country.
SMUGGLER 2: For the Africans amongst you, I have no idea what to tell you. The best thing is probably to say you're Somali, Eritrean or Sudanese.
SMUGGLER 1: If you go to Germany, as soon as you reach the border, put on a T-shirt with an image of Angela Merkel; that'll really help. If you want to, you can buy one right now. We're selling T-shirts like this for five dollars each.
SMUGGLER 2: When you enter Germany, you have to say, "It's Madame Merkel who invited me"; that's bound to help.
SMUGGLER 3: If you go to Denmark, be careful, because they'll confiscate all your jewellery and cash. It's better to go over the border with your pockets empty.
SMUGGLER 1: Wherever you go, most of all, don't forget that the people who really, truly don't like immigrants are the immigrants who've already settled in Europe.
SMUGGLER 2: Advice for the lads: watch your dicks. Don't touch any woman even if she looks at you in a friendly way.
SMUGGLER 3: If you go to the swimming-pool, don't ever come within one metre of a woman.
SMUGGLER 2: And try not to masturbate in the water.
SMUGGLER 3: Get this stuck in your heads, right? Here women display their breasts and legs, but they aren't prostitutes. Never approach a woman you see smoking and drinking in a café by herself. That's not what prostitutes do here.
SMUGGLER 1: To know where the prostitutes actually are, ask a taxi driver.
SMUGGLER 2: Be careful when you're filling out your asylum

applications; there'll be translators who'll be at hand to help you. Some of them will be people from your own country. Don't trust them. Their mission is to pick up accents and unmask you. If you tell them you're Syrian, but you're speaking with a Moroccan or Algerian accent, you're screwed.

SMUGGLER 3: And whatever you do, do not go through the Balkan countries. Macedonia, Serbia, Albania, Kosovo, things are worse there than where you come from. Do not even set foot there, otherwise you'll be stuck forever.

ALL THREE: May God protect you, and one day the land that you see over there will be yours.

The smugglers are picked up by a speedboat and disappear. The migrants shout out "Allahu Akbar!"

SCENE 22

The smuggler, Fehed.

The smuggler is in the middle of raining down blows on Fehed's head.

FEHED (*in tears*): Stop, boss!

SMUGGLER (*beating him*): Piece of shit!

FEHED: But what did I do, boss?

SMUGGLER: You honestly don't know what you did?

FEHED: No, boss, no.

SMUGGLER (*beating him*): I'll kill you! I'll bloody kill you!

FEHED: Show some pity, boss. I've done nothing.

SMUGGLER: You screwed up! That's it! You're a dead man! And I'm going to kill you with my own two hands.

FEHED (*weeping*): I have children, boss.

SMUGGLER (*hitting him*): Oh, you have children do you?

FEHED: Yes.

SMUGGLER (*beating him*): How many?

FEHED: Three.

SMUGGLER: Well then, that's three you'll never see again, because you're a dead man.

FEHED: But why, boss? Why?

SMUGGLER: Why? You're actually asking me, why? You ratshit! You're even worse than that! What did I tell you about buying the lifejackets?

FEHED: What?!

SMUGGLER: The jackets, the lifejackets, you worthless bastard, where exactly did you buy them?

FEHED: I don't know, where I usually do.

SMUGGLER (*hitting him again*): "Where I usually do." You seriously have the balls to tell me that you bought them where you usually do? Well whatever you do, don't tell me that you bought them how you usually do. You bought them cheaper, didn't you?

FEHED: Yes.

SMUGGLER: And the difference went into your pocket, didn't it?

FEHED: Yes, boss.
SMUGGLER: And how much did you make, Fehed?
FEHED: Not much, boss. Five dollars a jacket.
SMUGGLER: Five dollars a jacket.
FEHED: Yes, boss. Look, here's the money. I'm giving you all of it.
SMUGGLER: One hundred lifejackets multiplied by five—that makes five hundred dollars in total, right?
FEHED: Yes, boss.
SMUGGLER: Well this is what I'm going to do with these dollars of yours, you piece of shit. (*He stuffs the notes one by one into Fehed's mouth*) You're going to eat all your five hundred dollars all in one go.
FEHED: Boss, forgive me.
SMUGGLER: They look really tasty, don't they, your dollars? Open your mouth.
FEHED (*mouth stuffed full of crumpled dollars, choking*): I'll never lie to you again, boss!
SMUGGLER: Lie to me? Of course you'll never lie to me, because this is the end of the line for you, terminally speaking.
FEHED (*mouth full choking*): I don't deserve this, boss.
SMUGGLER: Oh, so you don't deserve this. You don't deserve this at all. And the children I gave those fake lifejackets to, maybe they didn't deserve it either.
FEHED: Eh?!
SMUGGLER: Ah, you didn't know, did you? That your shit lifejackets were not only cheap but fake?
FEHED (*crumples*): No ...
SMUGGLER: Or that fake lifejackets don't float; of course, you didn't know that at all.
FEHED: No.
SMUGGLER: Well then, now you know. In fact, those shit lifejackets that you bought on the cheap, you're going to eat them too, one by one. Because they don't float. "Au contraire", they actually weigh the body down and help people drown quicker.

There you go, that's what makes a fake lifejacket. It's a passport to quick sinking. You handed out gravestones instead of lifejackets. And you say you're a believer. Just who exactly is your God?

SCENE 23

The news on TV.

NEWSREADER: The police coordination agency Europol has revealed figures that indicate that more than ten thousand migrant children have vanished without trace over the past two years. It is feared that the majority have been put into slavery or the sex trade by criminal organisations. In Italy alone, five thousand children have become untraceable. The Home Office of the United Kingdom announced only last Thursday that it would be making a study of unaccompanied children who have been separated from their families by conflict. Of the one million migrants who have arrived in Europe in 2015, 27 percent are estimated to be minors.

SCENE 24
The man with briefcase, Elihu.

MAN WITH BRIEFCASE: Hello, Elihu.
ELIHU: Hello.
MAN WITH BRIEFCASE: Do you remember me?
ELIHU: Yes.
MAN WITH BRIEFCASE: But you don't seem happy to see me.
ELIHU: I don't know.
MAN WITH BRIEFCASE: You doing all right, Elihu?
ELIHU: I don't know.
MAN WITH BRIEFCASE: But yeah, you're doing all right. You're working; you have all your family with you. You're a good boy, Elihu.
ELIHU: Yes.
MAN WITH BRIEFCASE: And you're also a good brother?.
ELIHU: Yes.
MAN WITH BRIEFCASE: Just look at me, will you, let's see your eyes. Wow, you can't tell the difference.
ELIHU: What difference?
MAN WITH BRIEFCASE: Between your right eye and your left eye. They look exactly the same.
ELIHU: But they're not.
MAN WITH BRIEFCASE: Exactly, but you can't tell from the outside, can you? I'd say they're a perfect pair.
ELIHU: But they're not.
MAN WITH BRIEFCASE: Doesn't matter. Your brothers and sisters have never noticed have they?
ELIHU: No, but my mother has.
MAN WITH BRIEFCASE: Okay, your mother will spot something like that, because she's the one who brought you into this world. Mothers are like that. They always spot things. But to your brothers and sisters, there's nothing changed about you.
ELIHU: No.

MAN WITH BRIEFCASE: Elihu, I want to tell you something. Everyone can see what you've done for your family.
ELIHU: Everyone?
MAN WITH BRIEFCASE: Everyone respects you, and everyone loves you, Elihu. Because you think of your own, and because you'll never forget how they're suffering.
ELIHU: No.
MAN WITH BRIEFCASE: Well, all those people who respect you and love you want to ask you a question. And that's why they've sent me to see you. You're under no obligation to answer straight away. All you have to do is think. Think about the question and think about your other brothers and sisters—the other brothers and sisters that you don't even know but who are your family, your extended family. Do you see, Elihu?
ELIHU: No.
MAN WITH BRIEFCASE: You may not understand now, but you will. There's so many others who are suffering, who need you, Elihu. And they know that they can count on you. They know that you believe in God, that you'll be ready, when their time comes, to come to their help.
ELIHU: Boss, I can't help everyone in the world.
MAN WITH BRIEFCASE: Of course, of course, Elihu. But you do have the chance to do something far greater than what you have already done. Because your soul is blessed. And you know so well that God is with you. It's God who has given you two arms, two legs, two kidneys, two lungs, two eyes, two ears.
ELIHU: Yes, but that's to be able to live.
MAN WITH BRIEFCASE: Yes, Elihu, God has given you all that so that you can live, but also so that you can help others.
ELIHU: Oh, I see.
MAN WITH BRIEFCASE: And, of course, on top of all that, you do know that God has given you something else.
ELIHU: What?
MAN WITH BRIEFCASE: He's given you two lives, Elihu.

ELIHU: Has he?

MAN WITH BRIEFCASE: Oh yes, Elihu. God, in his goodness, has give you two lives. And he's done that because he loves you, and because he wants you to be happy. That's what God said when he made you: "I'll give Elihu two lives, one for life on earth and the other for life in Paradise." And you know that, Elihu, don't you?

ELIHU: Yes … No, I didn't know that.

MAN WITH BRIEFCASE: Well, in any case, I'm here to remind you. You're a rich man, Elihu, because you have two lives. The life you have here, which is as you find it, and another life, which is good and eternal.

ELIHU: Are you sure, boss?

MAN WITH BRIEFCASE: Yes, Elihu, I am sure. And you also must be sure, because you're a decent boy who always says his prayers and who thinks of his brothers.

ELIHU: No.

MAN WITH BRIEFCASE: And this is the question that I've come to ask you, Elihu.

ELIHU: No.

MAN WITH BRIEFCASE: Since you have two lives, wouldn't you want to give one of them to one of your brothers in need?

Music

SCENE 25

The conveyor belt, on which men and women—all migrants—walk against the flow. The group is clearly struggling to keep up.
From the direction of the belt's movement there appear, like stiffly moving puppets, others who push their way through the migrants.

PRESIDENT: Do you suppose it's an invasion, Georges?
COACH: No. It's a revolution.
PRESIDENT: What makes you think that, Georges?
COACH: What we've done is build a supermarket whose images stream constantly over the whole planet, and it's been like this for decades. But the shelves that are pushing out the products are within a limited space, physically speaking. It's quite normal that we end up with huge queues at the entrance.
PRESIDENT: So we should hide it all then? Not send out so many postcards to our poor cousins? Of course, the media's still to blame.
COACH: Oh yes, President Sir. One shouldn't be boasting like that about our products, our genius and our sense of universality.
PRESIDENT: But that still doesn't explain this revolution of yours.
COACH: You see, the great bartender is tired of serving vintage whiskey in one lot of glasses and moonshine in others. So he decides to create a huge gigantic cocktail out of them all. He's just started to shake his shaker.
PRESIDENT: And what's in the shaker, Georges?
COACH: Our planet, President Sir.

The president and the coach exit, carried out by the conveyor belt. The three presenters from the Closing-Up Show bound on.

GIRL 1: We also offer barbed wire for urbanised fences.
GIRL 2: Barbed wire especially designed to seal up towns, villages, boroughs, hamlets and generalised private properties.

GIRL 3: We also offer individual barbed wire.
GIRL 1: If you ever feel menaced, threatened, under attack, disturbed or simply upset, we are pleased to offer you the portable individual barbed wire fence.
GIRL 2: The barbed wire bubble has been designed for you to be shatterproof, digital, invisible.
GIRL 1: You wind it around you every day before you leave home.
GIRL 2: And you're covered by it the whole day long.
GIRL 3: It lets you see only the things you want to.
GIRL 1: It lets you hear only the things you want to.
GIRL 2: It lets you feel only the things you want to.
GIRL 3: Come, one and all, ladies and gentlemen, to the Closing-Up Fair! The latest models in physical and mental barbed wire bubbles await you.

The three presenters exit, carried away on the conveyor belt.
The belt speeds up. The migrants have to make even greater efforts to stay on the belt as they walk. Gradually they lose ground, and the belt carries them back out from the stage.
The president re-enters on the belt with the coach in attendance. The president is holding a microphone, his voice echoing from a bank of loudspeakers.

PRESIDENT: We must also find more effective ways of fighting the major criminal organisations that lie behind this human trafficking.
COACH: Yes.
PRESIDENT (*his voice resonating in the loudspeakers*): And, we have to point out, the heads of these mafia networks are based in Istanbul, Tripoli and Beirut.
COACH: Yes.
PRESIDENT (*now really in his stride*): They are our enemies in exactly the same way that the jihadists in Daesh are.
COACH: Okay.

The president's microphone abruptly cuts out, and all we hear is his unamplified voice.

PRESIDENT: This is what I have to say. I call this a speech motivated by truth, a speech spurred on by urgency. This is not some politically correct speech promising some sort of vague action. We must call a spade a spade.
COACH (*his voice in the speakers*): No, I'd still advise you to cut that. You shouldn't try to get out of being politically correct by doing a U-turn on politically correct.
PRESIDENT: I see, Georges.
COACH: Politically correct thinking is our best barrier, President Sir, against the duty of action.
PRESIDENT: I see, Georges.
COACH: It's our system of mental barbed wire fences that allows us to tell people what to do without being obliged to offer solutions.
PRESIDENT: I see, Georges.
COACH: So, as long as you're not actually in possession of the means to solve all the world's problems, all you have to do is stay politically correct. This way it permits you not to put it with any sincerity.
PRESIDENT: Yes, Georges. I see, Georges. Thank you, Georges.

The belt rolls the two out of sight.

Pause.

The belt continues to roll. After a while the toys and games from the undertaker's collection appear: Cuddly toys, dolls, toy cars and airplanes, a model fire engine. And even a live cat.

THE END

EXTRA SCENE 1

(*Alternative or companion to SCENE 15*)
The man who smiles, Chakira.
Somewhere in Sinai.

MAN WHO SMILES: Chakira. Come here.
CHAKIRA: No!
MAN WHO SMILES: Chakira, don't be so shy. You know that I love you.
CHAKIRA: I don't want to go to Istanbul.
MAN WHO SMILES: Chakira, you'll be fine in Istanbul. You've got golden hands; you'll work in a massage parlour. You'll earn a living, and in six months you'll have paid off all your debts, and then you'll go to Europe. Isn't that how I explained it to you?
CHAKIRA: No.
MAN WHO SMILES: Chakira, come and give me a kiss.
CHAKIRA: No. I'm going to leave you right now.
MAN WHO SMILES: So you want to leave me right now?
CHAKIRA: Yes.
MAN WHO SMILES: Okay, but you have remember that you'll miss me.
CHAKIRA: It's driving me crazy already.
MAN WHO SMILES: Here, want a cigarette?
CHAKIRA: No.
MAN WHO SMILES: Just have a puff then.
CHAKIRA: Why did you sell me?
MAN WHO SMILES: I didn't sell you, you're like my daughter, I would never sell you.
CHAKIRA: Then why are you saying I have to go to Istanbul?
MAN WHO SMILES: Because I owe a debt to that guy.
CHAKIRA: And you've sold me just to pay that debt?
MAN WHO SMILES: I haven't sold you, I've just loaned you.
CHAKIRA: You've loaned me?
MAN WHO SMILES: Yes.

CHAKIRA: For how much time then?
MAN WHO SMILES: Six months.
CHAKIRA: Six months.
MAN WHO SMILES: Yes, Chakira. And when that's over, I'll come and get you and take you off to Germany with me.
CHAKIRA: Well I don't want to. It's over. You'll never see me again.
MAN WHO SMILES: Don't drop me now, Chakira.
CHAKIRA: You are asking me to not drop you?
MAN WHO SMILES: Look, it's a debt of honour. There's absolutely nothing else I can do.
CHAKIRA (*tears drop down her cheek*): You've got a debt of honour. And it's me who has to pay your debts of honour?
MAN WHO SMILES: I lost you in a game of poker. It's serious. There's nothing else I can do. The guy's waiting for you downstairs. You're going to go with him, and you'll behave yourself. Because if you don't, it'll all come back on me.
CHAKIRA: No.
MAN WHO SMILES: Chakira, you can't leave like this.
CHAKIRA: Of course I can.
MAN WHO SMILES: No you can't. Because you'll make me suffer. And you don't want that.

Chakira goes to leave.

MAN WHO SMILES: Chakira! Chakira, wait. I've got something for you.
CHAKIRA: What did you say?
MAN WHO SMILES: Take these photos.
CHAKIRA: What photos?
MAN WHO SMILES: Just look. Photos of your family.
CHAKIRA: But … Where did you get these from?
MAN WHO SMILES: Doesn't matter. I just wanted to give you a surprise. Here look, he's really cute, your little brother isn't he?

How old is he now?
CHAKIRA: But who took this photo of him? Why are you showing me this?
MAN WHO SMILES: Oh look, and here's your mother. She still looks young. She works a lot from what I can see. Your brother and your little sister get left alone every day at home. Oh look, here's another one.

The tears are now flowing down Chakira's face. The man who smiles mops up her tears, puts a cigarette between her lips, lights it.

MAN WHO SMILES: This'll help, you'll see. This little sister of yours, how old is she?
CHAKIRA: Four.
MAN WHO SMILES: She really is quite pretty. And she looks a bright type too. Oh and look, here she is, playing all by herself. Your brother likes to go out and play football in the street, but she likes playing at home instead with her dolls. You sent her those dolls, didn't you?
CHAKIRA: Yes.
MAN WHO SMILES: That's good. You know, next year, in Germany, you'll be able to go to university. You can start studying again. Your mother will be so proud of you.

The man who smiles pulls out his mobile and dials a number.

Here, do you to talk to her? She's bound to be at home by now. Hold on, I'll pass her on to you.
CHAKIRA: Mum?
MAN WHO SMILES: Now tell her what I tell you. I'm fine mum, I'm well, now I'm going to work in Istanbul.
CHAKIRA: I'm fine mum, I'm well, now I'm going to work in Istanbul.

MAN WHO SMILES (*whispers in Chakira's ear*): Next week I'm going to send you some money; I don't want you going without.
CHAKIRA: Next week I'm going to send you some money; I don't want you going without.
MAN WHO SMILES: Put my brother on, I want to talk to him a bit.
CHAKIRA: Put my brother on, I want to talk to him a bit.
MAN WHO SMILES: There you go, I'll let you chat in peace. And tell that boy to watch out when he's playing football in the street with all those trucks driving by.

EXTRA SCENE 2

A German language lesson in a residential centre for Syrian and Iraqi refugees.

The "teacher" is obviously a well-meaning volunteer, an older refugee who is only a stage or two ahead of the students in learning the language.

The volunteer is working off a portrait of Angela Merkel set in front of the class. He or she draws an arrow to Angela Merkel's trousers.

VOLUNTEER (*pronouncing and writing at the same time on the board*): Die Schuhe.
STUDENTS (*repeating in chorus*): Die Schuhe.
VOLUNTEER (*draws an arrow to Angela Merkel's trousers*): Die Hose.
STUDENTS: Die Hose.
VOLUNTEER (*draws an arrow to Angela Merkel's shirt*): Der Sakko.
STUDENTS: Der Sakko.
VOLUNTEER (*draws several arrows to the buttons on Angela Merkel's coat*): Der Knopf.
STUDENTS: Der Knopf.
VOLUNTEER: Drei Knöpfe. Ein, zwei, drei.
STUDENTS: Drei Knöpfe. Ein, zwei, drei.
VOLUNTEER (*draws two arrows to the pockets of Angela Merkel's coat*): Die Tasche.
STUDENTS: Die Tasche.
VOLUNTEER: Zwei Taschen. Ein. Zwei.
STUDENTS: Zwei Taschen. Ein. Zwei.
VOLUNTEER (*draws two arrows to Angela Merkel's ears*): Das Ohr.
STUDENTS: Das Ohr.
VOLUNTEER: Zwei Ohren.
STUDENTS: Zwei Ohren.
VOLUNTEER: Ein, zwei. OK? (*Draws two arrows to Angela*

Merkel's eyes) Das Auge. Ein Auge. Zwei Augen.
STUDENTS (*taking notes*): Das Auge. Ein Auge. Zwei Augen.
VOLUNTEER (*draws an arrow to Angela Merkel's mouth*): Der Mund.
STUDENTS: Der Mund.
VOLUNTEER (*draws an arrow to the nose of Angela Merkel*): Die Nase.
STUDENTS: Die Nase.
VOLUNTEER (*draws a circle around Angela Merkel's head*): Der Kopf.
STUDENTS: Der Kopf.
VOLUNTEER (*draws a huge heart on Angela Merkel's coat*): Das Herz. Angela Merkel hat ein gutes Herz. Angela Merkel hat ein großes Herz.

The students applaud.

EXTRA SCENE 3

Night, two young migrants: Abena and Nolan.
Holding torches, they're walking along the conveyor belt. They're in the Channel Tunnel between France and the UK.

SHE: I can't go any further.
HE: Come on, Abena, just a bit more.
SHE: No. I've got to rest.
HE (*giving her a bottle of water*): Here, drink something.
SHE: There's no air in here.
HE: What did you expect?
SHE: It's so hot, I'm suffocating.
HE: Look, let's go, it can't be far now.

They pass by a group of three or four other migrants.

MIGRANTS: Go on, keep it up! Don't drag your feet!

Nolan stops to have a drink of water. Abena sits on the ground with her back against the tunnel wall.

HE: Switch your torch off, we need to save the batteries.

The young woman switches off her torch. There's the echo of a train passing.

SHE: What was that?
HE: No idea. Maybe a train.
SHE: What time is it?
HE: Coming up to four in the morning. If we push on a bit more, we'll be able to see the sun rising at the other end.

Shouts are heard, followed by a voice saying something in an unknown language, and then the sounds of footsteps. Other torches dance about in the distance. Silence.

SHE: Tell me, Nolan, are you absolutely certain we're going in the right direction?
HE: Yeah, sure we are.
SHE: Well okay, but I really haven't got any more energy left for this.
HE: We're going to get there, Abena, we're going to make it.

The sound of people running. Someone laughs somewhere in the darkness near the couple as they start walking again.

MAN WHO LAUGHS: Hey listen, want some advice? I'd stay hidden right where you are for the moment if I were you.
HE: Who are you? Where are you?

The man who laughs switches on his torch and shines it on a stand on which we see a pile of products: cans of Coke, dried fruit, biscuits, cigarette packets, spare batteries, mobiles, etc.

MAN WHO LAUGHS: Here I am, nothing to be frightened about. Can you hear those noises? It's bound to be a patrol. It's the early morning one. You'd do best for yourselves by staying hidden here for a bit.
HE: But what are you doing here?
MAN WHO LAUGHS: It's obvious, isn't it? I'm here to provide you a service. I have cold Cokes, do you want one? I also have batteries for when your torches run out. Why not come over, come to Koffi's, the best minimart in the Channel! Ha, ha.
SHE: Well I would like a cold Coke.
MAN WHO LAUGHS: Here you go young lady. Three Euros. If you're feeling hot I can also sell you a cooling water spray. Look. It'll fit in your pocket and it's rechargeable.
HE: Great thanks. First we need to see the end of this genuinely,

then after that maybe.
MAN WHO LAUGHS: Come on relax a bit. I'll slip you a can of beer to help you unwind. You're already in England, kids.
SHE: Really?
HE: How come?
MAN WHO LAUGHS: Just remember, if they grab you, you have the right to say to them: "Excuse us, we wish to pass through the English end since the border between France and England is a long way behind us, in Calais."
HE: No, is that right?
MAN WHO LAUGHS: Hee hee hee. Koffi never lies. Everyone knows me here. I also sell sleeping bags if you want to spend the night here under the sea. If you think about it, it's a truly unique opportunity. Spending the night under the English Channel right in the middle between France and England, with all that massive sea up there over your heads. That really is something. You're never going to have this chance again. Go mad for one last night before you start your new bourgeois life in England. Hee hee hee.

A shout in the distance. Rapid footsteps approach. A woman arrives dressed in a flashy way that suggest she might be a prostitute —or maybe a fortuneteller.

WOMAN: Hi, Koffi. Have you got a light?
MAN WHO LAUGHS: Yessss ... (*he lights her cigarette*) Let me introduce you to my new friends. They're going to spend the night under the sparkling sea. Hee, hee, hee.
HE: No we're not.
SHE: Why not?
HE: Abena, come on, we've got to get going. It all seems a bit mad here.
MAN WHO LAUGHS: Oh don't go. She's our resident fortuneteller. She can tell you everything about your future if you're interested in it. Hee, hee, hee.

WOMAN: And in any case, you do know that you're going in the wrong direction?
HE: What?!
WOMAN: Oh I'm really sorry to say this, but England's that way.
HE: Which way?
WOMAN: It's obvious, isn't it? It's behind you. There in the other direction.
HE: No, that's not possible.
MAN WHO LAUGHS: Keep quiet and don't be a bitch. You don't have to take the mickey. They've already walked so far.
WOMAN: I've no intention of taking the mickey out of anyone, I couldn't care less. I'm going to lie down and take a rest. I've had enough. (*Whispers in the young man's ear*) The end of the tunnel, mate, it's right there above your head.

The woman exits.

MAN WHO LAUGHS: Don't pay any attention to her. She's always like that.
SHE: But where's she going to lie down?
MAN WHO LAUGHS: She has a little place, down there. Her little fortuneteller's salon. We're a real proper city down here. We have a cafe, a hairdresser's, a grocery, a bakery, a bureau de change, a chemist's, a creche for the kids. Even a brothel. Hee, hee, hee.
SHE: What sort of place is this, Nolan? I want to get out of here right now. Why can't we see the end of the tunnel from here? Who are these people?

The group of migrants who had passed the young couple just a few minutes ago have now come back retracing their tracks.

MIGRANT: Come on everyone, keep it up. Keep going. It's the other way.

HE: I must be dreaming. This can't be real. We've been walking for ten hours in this tunnel. We must have done forty kilometres so far. This can't have got us nowhere. Hey, Koffi, what is this brothel?
MAN WHO LAUGHS: Nothing to worry about, you're both still young. And you know, I can tell you're both really lucky. Because look, I've also got sunglasses here for you.
HE: You're all mad, stark raving mad. What on earth makes you think that I need sunglasses down here in this tunnel?
MAN WHO LAUGHS: Hey easy, easy, you really do need to try them on. Buy two and I'll knock something off the price. The exit from the tunnel can be really bad. The minute you step over the threshold into your lovely Eldorado, you'd better have a pair of sunglasses perched on your nose; because if you don't, the light's going to blind you. Hee, hee, hee.

The girl starts to vomit.

HE: What's the matter? Abena?
SHE: Dunno. This Coke tastes weird.

The hellish sound of a high speed train passing.

MAN WHO LAUGHS: Hey, that's the first of the day. It means the sun's beginning to come up.

Several migrants also holding torches, come up laughing, and they start to look over the man who laugh's stall. One of them goes up to the couple and talks to them in a low voice.

MIGRANT TRAFFICKER: For 16,000 euros I can get you to the other side without any problem. The two of you. In a fishing boat. You'll board just by the Belgian border. I can schedule you in for three weeks' time. No risk. I create a file for you, give you a reference code. I'm not a smuggler, I'm the agency that guarantees the transaction. You drop the cash off with us, and your smuggler gets the money only when you've got to the other side. I'm not a dealer. I'm a professional. There's too many migrants getting ripped off. What we're offering is a completely upfront solution.

One of the migrants finds a kalimba on the stall and starts to play it. The prostitute-fortuneteller appears, singing, and starts distributing leaflets around the group—and possibly the audience too.

WOMAN: Mafara—master, teacher, medium, great marabout. A talk taking place today on self-healing, strength of mind and sharing love. He'll also help you through life's trials. Payment only after results. Don't turn round in circles. Come, seek advice on how to depart this tunnel.

More and more torches light up, as if the tunnel is teeming with life, inhabited by people who have just woken up and are now brushing their teeth, getting ready to make breakfast. Every two minutes there is the infernal noise of a train passing. A girl walks around with cups of hot coffee on a tray.

GIRL WITH TRAY: Coffee? Who wants coffee? Coffee?

We hear the sounds of people drinking, eating, pissing, flushing toilets, calling to each other, etc.

BOY: The Jungle Journal! Morning edition! Buy "The Jungle Journal"!

The migrant trafficker talks to a couple of migrants as they try on sunglasses.

MIGRANT TRAFFICKER: Well? Have you thought about it?

Have a coffee, it's on me.
HE: We don't have much money.

The migrant trafficker buys a spray which he offers to Abena.

MIGRANT TRAFFICKER: No problem, we can always find another way. (*Takes a photo of Abena*) So what's your name?
MAN WHO LAUGHS: Hee, hee, hee. (*Shouts out*) Freshly baked bread's now here! Come and get your freshly baked bread!

The sounds of this strange subterranean village become louder and louder. We hear voices, music, passing trains, the shouts of people selling things.
All of a sudden the young man covers his ears and starts shouting.

HE: Enough! Enough! Enough!

His cries appear to have an unexpected effect on the subterranean village. The torches go out, the noises cease, the shouting stops.
A profound silence broken only by the sound of waves lapping on the seashore. Even the man who laughs has vanished.
The young migrant shines his torch into his wife's face. At some point she has decided to put on a pair of sunglasses.

HE: What the … Abena? Take those off. You're not really going to believe everything they tell you?
SHE: Leave me alone, Nolan. And let me dream, all right?

EXTRA SCENE 4

Suggestion for a video for this scene: The image of the transformation of a field after being crossed by one person, by five, ten, fifty, one hundred, two hundred, four hundred, a thousand, two thousand, ten thousand. The people should remain invisible; it is the traces of their footsteps that are important.

Repeat the same scenario with a snow-covered field, a lawn, a path through a carpet of fallen leaves, etc.

MIGRANT 1: I come from Pakistan. And I'm a bit doubtful.
MIGRANT 2: I come from Sri Lanka. And I'm a bit doubtful.
MIGRANT 3: I come from Afghanistan. And I'm a bit doubtful.
MIGRANT 4: I come from Eritrea. And I'm a bit doubtful.
MIGRANT 5: I come from Iraq.
MIGRANT 6: I come from Syria.
MIGRANT 7: I come from Somalia.
MIGRANT 5: And we're all a bit doubtful.
MIGRANT 8: I come from Haiti.
MIGRANT 9: I come from Algeria.
MIGRANT 10: I come from Libya
MIGRANT 6: And we're all a bit doubtful.
MIGRANT 11: I come from Congo.
MIGRANT 12: I come from Sudan.
MIGRANT 7: And we're all a bit doubtful.
MIGRANT 1: The problem is …
MIGRANT 2: The problem is …
MIGRANT 3: The problem is that we're not exactly certain.
MIGRANT 4: In fact, we're not exactly certain at all.
MIGRANT 5: Not at all at all at all.
MIGRANT 6: We're not exactly certain that we all have a second life after we die, a life after death.
MIGRANT 1: You have to believe us, we're really not certain about that.

MIGRANT 2: Which is why we want to live as full a life as we can right now despite all that.
MIGRANT 3: We at least want to benefit a bit.
MIGRANT 4: Which is why we've arrived at where you live.
MIGRANT 5: Which is why we're going to keep on coming to where you live.
MIGRANT 7: Because of this … doubt. It's sort of philosophical, if you see what we mean.
MIGRANT 13: Me, I come from Mali … exactly because of this doubt.
MIGRANT 15: I come from Iran.
MIGRANT 16: I come from Turkish Kurdistan.
MIGRANT 1: There you go, now you know.
MIGRANT 2: We're going to keep on coming to where you live.
MIGRANT 3: Because of this doubt.
MIGRANT 4: We're being pushed by a force that we can't resist.
MIGRANT 5: To be honest, we don't want to be disturbing you. But it's stronger than we are.
MIGRANT 6: We'll keep on dying along the way. Like drowning while crossing the sea.
MIGRANT 7: So we'll keep on coming.
MIGRANT 1: But you've got nothing to be afraid of.
MIGRANT 2: We aren't fanatics. The doubt is purely philosophical.
MIGRANT 3: If we could only all be certain that there's paradise after death.
MIGRANT 4: We'd stay home.
MIGRANT 5: But the doubt's gnawing away at us.
MIGRANT 6: So there we are.
MIGRANT 7: We've seen on the TV that where you live you lack for nothing.
MIGRANT 8: While all we've got back home is famine.
MIGRANT 9: We've seen on the TV that where you live it's a big party for you every day.
MIGRANT 10: While all we've got back home is war.

MIGRANT 11: We've seen how where you live everyone leaves the cities during the summer, because you all go on holiday at the same time.
MIGRANT 1: And, like we've said, hey we'd like a bit of that as well.
MIGRANT 2: I mean, to be honest, it's not out of any malice that we're coming over to where you live.
MIGRANT 3: It's because we also want to be global like you.
MIGRANT 4: To be westernised.
MIGRANT 5: To be urbanised.
MIGRANT 6: To be modernised. Democratised. Liberalised. Open. Emancipated. Decomplicated. Civilised. Politicised. Integrated. Responsibilised. Professionalised. Informed. Privatised. Retrained professionally. Indebted to the bank. Socialised. Benefit from continuous training. Further education. Become bankable. Unionised. Apply for membership. Vote. Challenge. Have a pet dog.
MIGRANT 7: Work eight hours a day.
MIGRANT 1: After which, go straight home.
MIGRANT 2: Open the fridge, eat with the family, watch the Six O'Clock News.
MIGRANT 3: And those barbed wire fences of yours aren't going to stop us.
MIGRANT 4: Not at all.
MIGRANT 5: There's tens of millions of us on our way to your table.
MIGRANT 6: So please stop surrounding yourselves with barbed wire in your kitchen.
MIGRANT 7: In your dining room.
MIGRANT 1: In your bathroom.
MIGRANT 2: We want to wash too.
MIGRANT 3: Because we're dirty. We don't feel well. We have blisters on our feet.
MIGRANT 4: Honestly, surrounding a fridge with barbed wire

isn't a very polite thing to do.

MIGRANT 5: You know what? Put yourselves in our place.

MIGRANT 6: When a country dies, there's nothing else left for you to do.

MIGRANT 7: You've got to let it die. You've even got to help it die.

MIGRANT 1: That's why we're leaving our countries.

MIGRANT 2: Because countries, as we all know, always have a second life after their death.

MIGRANT 3: It's only people who have no future after death.

MIGRANT 4: But it's quite another thing for countries. Once a country starts dying, you can put it up for sale. You can cut it up into slices and auction them off.

MIGRANT 5: You might even snap up little bits for yourself too while you're about it.

MIGRANT 6: Mines, arable land, beaches, forests, oil fields. Countries work like that. After their death, there's commerce. Whereas after human life, there's a tomb, and not always even that.

MIGRANT 7: This is why we needn't be worried about the future of our countries.

MIGRANT 1: Because countries always have another life after their death, this is also why we don't want to give our lives for our country.

MIGRANT 2: We'd much rather wait.

MIGRANT 3: Wait where you live. Even if it's right in front of your barbed wire fences.

MIGRANT 4: And however it comes, we'll seek work so we too can help look after your fences.

MIGRANT 5: For a long, long time already, our mothers and fathers have been sweeping your streets, cleaning your toilets, picking up your rubbish, walking your dogs, looking after your children.

MIGRANT 6: So from our point of view, maintaining your barbed wire fences, polishing them, mending the holes in them, it really is a job like any other.

MIGRANT 7: Honestly, really honestly. There's need to be afraid of us. We're more than ready to learn good table manners.
MIGRANT 1: How to hold a knife and fork properly, the way to stuff the food into your mouth first and then take a swig of wine.
MIGRANT 2: And we'll start learning your language.
MIGRANT 3: Besides, we all speak a little English already.
MIGRANT 4: "We are the future." "Yes we can." "Don't be afraid." "We want to be free."
MIGRANT 5: We'll learn French, German, Swedish, Danish, Finnish, Greek, Hungarian, Romanian.
MIGRANT 6: And we'll become French-Sri Lankans, German-Afghans, Swedish-Pakistanis, Danish-Syrians, Dutch-Iraqis, Belgian-Somalis, Hungarian-Sudanese, Austrian-Iranians, Eritrean-Greeks, Romanian-Algerians.
MIGRANT 7: Ah, but our children will be Sri Lankan-French, Afghan-Germans, Pakistani-Swedes, Syrian-Danes, Iraqi-Dutch, Somalian-Belgians, Sudanese-Hungarians, Iranian-Austrians, Eritrean-Greeks, Algerian-Romanians.
MIGRANT 1: And have no fear that the death of our country will impoverish the world's cultural diversity.
MIGRANT 2: Anything that's good in our country we've brought with us.
MIGRANT 3: And we promise you that we'll pass it all on to our children.
MIGRANT 4: Nothing will be lost. Not our traditions, not our religion, nor our culture.
MIGRANT 5: You have our word, we'll do everything we can to keep the world multicultural.
MIGRANT 6: So what we're proposing, and you might have already guessed this, is a revolution.
MIGRANT 7: Now don't any of you get too worried, remember you've already had lots of other revolutions.
MIGRANT 1: But this one is most certainly going to be something else.

MIGRANT 2: In your own way, you've already given so much to humanity.
MIGRANT 3: Colonisation, decolonisation, democracy, World War One, World War Two, Communism, Nazism, liberalism, ultraliberalism, the monetisation of the economy, globalisation, the information revolution, the hollywoodisation of information, the facebookisation of communication, the googlisation of knowledge, the microsoftisation of the human being.
MIGRANT 4: And now it's our turn to give you a revolution, one that's gentle.
MIGRANT 5: Peaceful.
MIGRANT 6: Slow.
MIGRANT 7: After all there's really no hurry.
MIGRANT 1: It might last a whole century.
MIGRANT 2: The debarbedwiresation of the world through migration.
MIGRANT 3: You'll see, you'll understand.
MIGRANT 4: Because one day you yourselves are going to become migrants.
MIGRANT 5: Really. So it's time to start a new form of humanism.
MIGRANT 6: The humanism of migration.
MIGRANT 7: We'll never ask you the dumb questions that your ideologies so often come up with.
MIGRANT 1: You know, ones like "Are you with us or against us?"
MIGRANT 2: After all, you and us we're all in the same boat.
MIGRANT 3: And we all of us have to navigate the sea of our differences, of our hatreds, of our contradictions and of our dilemmas.
MIGRANT 4: And it's not normal to put a barbed wire fence in a boat.
MIGRANT 5: So let's debarbedwire ourselves, dear friends.
MIGRANT 6: There's bound to be huge waves on our voyage.
MIGRANT 7: But at least we can be sure that no one can place barbed wire on top of a wave.

EXTRA SCENE 5
The president and three experts.

PRESIDENT: I'm listening, Georges.
EXPERT 1: This could still last for four, five years..
PRESIDENT: Meaning?
EXPERT 1: Meaning the current rate of a million migrants a year.
PRESIDENT: Then afterwards?
EXPERT 1: Afterwards it'll be goodbye to democracy.
PRESIDENT: Why?
EXPERT 1: Because the extreme right everywhere will win all the elections.
PRESIDENT: Where are you getting this from?
EXPERT 1: Surveys, opinion polls.

Pause.

PRESIDENT: I'm listening, Serge.
EXPERT 2: We can't stop them, but we can slow them up.
PRESIDENT: How?
EXPERT 2: Through the press. We need to focus on negative images.
PRESIDENT: Meaning?
EXPERT 2: Flood the media with images of closed borders, barbed wire fences, attacks against migrants, housing centres for totally disgusting immigrants. We need to have wave upon wave of reports out there focusing on migrants who want to return, waves of testimonies from migrants disgusted with Europe and visibly disappointed. If we start right away we'll be seeing the first beneficial effects within six months time. We need to get the whole media talking about our hellish administration gridlock and to give plenty of space to each act of aggression taken against the migrants. It has to come in a continuous loop: arson attacks against the homes of migrants, anti-migrant slogans and

graffiti, anti-immigration demonstrations. We also need to keep showing videos of those deported and expelled. In the cases of serious offences committed by migrants, we need to have the trials broadcast live, most especially trials for rape or sexual assault. The resulting effect will be rapid. According to our projections, if we do it now, the flow of migrants will start to drop by the middle of next year.
PRESIDENT: How are we going to do that, Serge? The press is free. They can't be coerced.
EXPERT 2: The press is free but it is governed by herd mentality. All it needs is for someone to give it a lead.
PRESIDENT: And the press can be given such a lead in a democracy?
EXPERT 1: We are a terrified democracy, President Sir.

Pause.

PRESIDENT: I'm listening, Michelle.
EXPERT 3: With the current line you haven't got a chance, President Sir.
PRESIDENT: Meaning?
EXPERT 3: Meaning that you lose in each scenario.
PRESIDENT: So who gets to be the winner?
EXPERT 3: That would be the anti-immigration party.
PRESIDENT: The party of the terrified?
EXPERT 3: Yes.
PRESIDENT: Even if the economy recovers?
EXPERT 3: The issue isn't economic but one of identity. We've tested out the argument "migrants – the source of a economic miracle in the future". It hasn't aroused any enthusiasm, in fact it's done the exact opposite by increasing suspicion. And the argument won't work either of the scenario of democratic upheaval in the long term in the migrants' countries of origin. We have twenty thousand young people from immigrant families, born

in Europe, who have already gone off to fight as jihadis. No one believes for a minute that the children of the newest immigrants arriving here are going back tomorrow to promote democracy in the countries of their parents.

PRESIDENT: So if I get this right, what you're saying is that my only chance is to go for the zero immigration card? I don't look that stupid though, do I Michelle?

EXPERT 3: Well sir, it does look as if your only chance is go for zero illegal immigration and a moratorium on legal immigration for the next five years.

PRESIDENT: Don't you think that's, well, a bit tough?

EXPERT 3: Tough, sir, but doable. We've tested the working model on a small survey group.

PRESIDENT: So it might work?

EXPERT 3: They certainly took to the idea. It might work indeed.

EXTRA SCENE 6

By the sea, before sunrise. The fisherman, the young man. Both have torchlights. The young man gets into the fisherman's small fishing boat. He carries a rucksack and a large stone.

FISHERMAN: You need another one.
YOUNG MAN: Another what?
FISHERMAN: Another stone.
YOUNG MAN: But I thought this one was okay. It's heavy enough. Try and lift it if you want.
FISHERMAN: You need another stone for your bag.
YOUNG MAN: Oh yeah?
FISHERMAN: Yes, because … if you need to disappear, the bag needs to disappear too.

Pause. The young man scratches his head.

But it's up to you to decide. Until I actually start up the motor you have every right to change your mind.
YOUNG MAN: I won't change my mind.
FISHERMAN: You're still young. You can go back to waiting.
YOUNG MAN: I'm not waiting any more.
FISHERMAN: There'll probably be other times. Things can change.
YOUNG MAN: No, things will never change.
FISHERMAN: Right, as you wish. But if you ask me, if I was you I'd go back to waiting.

The young man brings a second stone.

YOUNG MAN: Here you go, I'm ready.
FISHERMAN: Did you also bring the rope?
YOUNG MAN (*produces a long rope*): Yes.

The fisherman tests the strength of the rope.

That's good quality. Now's not the time to be taking economies.
FISHERMAN: Right, tie your bag tight to your stone.

Young man ties his backpack to the second stone.

YOUNG MAN: Here you go, boss. Do you want to check it?
FISHERMAN: No, looks good. Now sit down.
YOUNG MAN: I want to have another cigarette.
FISHERMAN: Go on, smoke, you've got time.

The fisherman binds the legs of the young man together and then ties the stone to his feet.

YOUNG MAN: How do you feel?
FISHERMAN: I don't feel anything, my boy. You're the one who has to feel something since it's your day of win or lose. For me it's just going to be another morning like all the others.
YOUNG MAN: Thanks in any case.
FISHERMAN: No need to thank me. You can thank me if we manage to avoid the maritime patrol. Right, you done?

The young man flicks away his cigarette stub. He pulls out a bundle of notes and hands it to the fisherman, who immediately puts it away in an inside pocket.

YOUNG MAN: Aren't you going to count it?
FISHERMAN: No bother. I'll count it later.
YOUNG MAN: You've got my mother's address?
FISHERMAN: Yes.
YOUNG MAN: And you promise me, you promise me, Yes, should it ever … if it doesn't work out, you'll send that money to my mother?

FISHERMAN: I've never cheated anyone and I've never lied to anyone, sonny.

The young man turns so that the fisherman can bind his hands behind his back.

YOUNG MAN: That's really tight.
FISHERMAN: That's the way it is. You'll cope no problem, provided everything goes according to plan.

The young man sits down with his back against the side of the boat. The fisherman takes out a scarf.

YOUNG MAN: You're not leaving without me?
FISHERMAN: No, my boy. We'll do exactly what we agreed.
YOUNG MAN: I swear, boss, that if the patrol ever spots us and you have to throw me in the water, I won't make a sound.
FISHERMAN: No, my son. I'd like to believe you but I can't. I mean, we are going to do exactly as we agreed. But I am going to ask you again—as long as you're still not gagged, you can change your mind.
YOUNG MAN: Okay, go ahead. But I'd like to ask you one more thing. If it ever happens ... if we ever meet the patrol and they draw up alongside us... if it means that's the end for me ... don't send the money straight away. Send it in two different amounts, and a little bit later, like in a month or two.
FISHERMAN: Why?
YOUNG MAN: And sign it with my name, like it was me who sent it.
FISHERMAN: Why?
YOUNG MAN: It's better that way. So she believes that it's come from me.
FISHERMAN: I've told you, son, I keep my word. If things don't work out, the money goes back to your family. And if you want I

can send in two separate amounts.
YOUNG MAN: Three even, if it looks more believable.
FISHERMAN: Yep three, if you think it's more believable.
YOUNG MAN: Promise?
FISHERMAN: Promise.
YOUNG MAN: Good, then may God protect us.
FISHERMAN: May God protect you, my son.

The fisherman gags the young man.

FISHERMAN: Now listen to me carefully. I'm now going to do something I haven't told you about. I'm going to blindfold you. And the reason I'm going to blindfold you is simple: I don't want to see the look in your eyes if we come across a patrol and I have to throw you into the sea. There's no point at all in me letting you see what could happen. The eyes always speak too much in difficult moments. And I certainly don't want anything to do with your eyes. I don't want your eyes demanding my pity if we're ever hauled over. I've told you and I'll tell you again: with those people over there it's zero policy towards migrants, and if they discover the two of us in this boat, if I have pity on you, then they'll execute the two of us on the spot. So you have to understand. Your eyes make me afraid because I might have pity on you. So that's why I need to blindfold you. But one last time you've really, really got let me ask you that question again: Are you absolutely sure that you want to do this? I'm going to give you a minute to think.

Tenderly, he takes both his hands to make the young man close his eyes.

Just stay like that with your eyes closed. I'm giving you a minute. If you open your eyes, I'll untie you and you can go back. Deal?

An old woman dressed in black (perhaps the boy's mother) appears holding an hourglass. She watches the sand running down for sixty seconds.

FISHERMAN: Okay my son. We're off. The sun's going to rise in an hour. The sea's teeming with fish, time to try our luck.

He blindfolds the young man and starts up the boat's motor. The boat moves off, the sound of its motor fading into the distance.
The sound of the sea and the sound of waves breaking on the beach increase in intensity.
The old woman turns the hourglass and leaves it with the sand running before the audience.
She disappears.
The light dims then fades to black, leaving the audience in the dark with the noise of the waves all around them.

* * *

© Claude Chauvet

Matéi Visniec

geboren 1956 in Rădăuţi, Rumänien, studierte Geschichte und Philosophie an der Universität Bukarest und flüchtete 1987 während der kommunistischen Diktatur nach Frankreich. Er lebt seit 1987 als Theater- und Romanautor in Paris und arbeitet auch als Journalist für *Radio France Internationale*. Vişniec schrieb über 40 Theaterstücke, die bisher in 30 Ländern aufgeführt wurden, u.a. im Königlichen Theater/Stockholm, Maxim-Gorki-Theater/Berlin, Schauspielhaus Düsseldorf, Théâtre de la Veillée de Montréal, Kaze-Theater/Tokyo, Open Fist Theatre Company/Hollywood, Stary-Theater/Warschau, Piccolo-Theater/Mailand. Er ist auch einer der gefragtesten Autoren des berühmten *Festivals de Théâtre d'Avignon*. In Rumänien ist Matei Vişniec seit dem politischen Umsturz einer der meistgespielten Theaterautoren.

Matéi Visniec, born 1956 in Rădăuţi, Romania, studied history and philosophy at the University of Bucharest. In 1987, during the communist dictatorship, he fled to France. He has been living since 1987 in Paris as a playwright and novelist, also working as a journalist for *Radio France Internationale*. Visniec has written over 40 plays, which have been performed in thirty countries, e.g., the Royal Theatre/Stockholm, Maxim-Gorki-Theater/Berlin, Schauspielhaus Düsseldorf, Théâtre de la Veillée de Montréal, Kaze-Theatre/Tokyo, Open Fist Theatre Company/Hollywood, Stary-Theatre/Warschau, Piccolo-Theatre/Mailand. He is also one of the most popular authors at the popular *Festivals de Théâtre d'Avignon*. Since the end of the dictatorship in Romania, Matéi Visniec is one of the most widely performed playwrights.

Aus dem Programm von PalmArtPress

Jan Cornelius
Chaplin wird Zweiter
ISBN: 978-3-941524-83-5
Filmreife Geschichten, ca 204 Seiten, Hardcover, Deutsch

Manfred Giesler
Bruder Bruno. Jeder gegen Jeden Giordano Brunos Candelaio.
ISBN: 978-3-941524-96-5
Zwei Theaterstücke, 240 Seiten, Klappenbroschur, Deutsch

Manfred Giesler
Die Gelbe Tapete / The Yellow Wallpaper
ISBN: 978-3-941524-75-0
Theaterstück Monolog, 100 Seiten, offene Fadenheftung, Deutsch/Englisch

Carmen-Francesca Banciu
Lebt Wohl, Ihr Genossen und Geliebten!
ISBN: 978-3-96258-003-2
Roman, ca 380 Seiten, Hardcover, Deutsch

Juan Ramón Jiménez
Tagebuch eines frischvermählten Dichters
ISBN: 978-3-941524-97-2
Lyrik, 274 Seiten, Hardcover, Übersetzung: Leopold Federmair

Nicanor Parra
Parra Poesie
ISBN: 978-3-941524-78-1
Lyrik Übertragung I. Brökel, mit Abb. Ulrike Ertel,
60 Seiten, Hardcover, Deutsch

Klaus Ferentschik
Bisquitkrümel
ISBN: 978-3-941524-93-4
Miniaturen, Mit Tuschezeichnungen von Horst Hussel,
90 Seiten, Klappenbroschur, Deutsch

Kevin McAleer
Errol Flynn - *An Epic Life*
ISBN: 978-3-96258-005-6
Lyrik, 400 Seiten, Hardcover, Englisch

John Berger / Liane Birnberg
garden on my cheek
ISBN: 978-3-941524-77-4
Kunst mit Lyrik, 90 Seiten, Klappenbroschur, Englisch

Gerd-Peter Eigner
MAMMUT
ISBN: 978-3-941524-76-7
Lyrik, 368 Seiten, Halbleinen, Deutsch

Reinhard Knodt
Schmerz - Philosophisch-Poetische Miniaturen
ISBN: 978-3-941524-81-1
100 Seiten, Halbleinen, Deutsch

Susanne Alge
Vorfahren, Verwandte und andere Verwirrungen
ISBN: 978-3-941524-84-2
Erzählungen, 120 Seiten, Hardcover, Deutsch

Gisela Dischner
Die Sehnsucht nach dem Unbestimmten
Gottfried Benn, Friedrich Schleiermacher, Bettina v. Arnims Salon
ISBN: 978-3-941524-85-9
Erzählungen, 120 Seiten, Hardcover, Deutsch

Karl Corino
Lebenslinien
ISBN: 978-3-941524-98-9,
Lyrik, ca. 240 Seiten, Hardcover, Deutsch

Ingolf Brökel
im b. raum
ISBN: 978-3-941524-82-8
Lyrik, 120 Seiten, Hardcover, Deutsch

Dennis McCort
A Kafkaesque Memoir - Confessions from the Analytic Couch
ISBN: 978-3-941524-94-1
444 Seiten, Klappenbroschur, Englisch

Carmen-Francesca Banciu
Light Breeze in Paradise
ISBN: 978-3-941524-95-8
Roman, ca 360 Seiten, Hardcover, Englisch/Griechisch